WALTHER BENSEMANN
(1873–1934)

JÜDISCHE MINIATUREN
Herausgegeben von Hermann Simon

Band 243 WALTHER BENSEMANN

Alle »Jüdische Miniaturen« sind auch im Abonnement beim Verlag erhältlich.

Die Deutsche Nationalbibliothek verzeichnet diese Publikation in der Deutschen Nationalbibliografie; detaillierte Daten sind im Internet über https://portal.dnb.de/ abrufbar.

Inh. Dr. Nora Pester
Haus des Buches
Gerichtsweg 28
04103 Leipzig
info@hentrichhentrich.de
http://www.hentrichhentrich.de

Korrektorat: Malte Gerken
Satz: Barbara Nicol
Druck: Winterwork, Borsdorf

1. Auflage 2019

Printed in Germany
ISBN 978-3-95565-337-8

BERND-M. BEYER

WALTHER BENSEMANN

KOSMOPOLIT DES FUSSBALLS, GRÜNDER DES »KICKER«

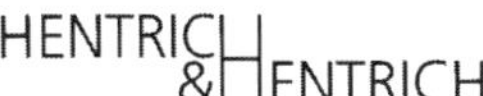

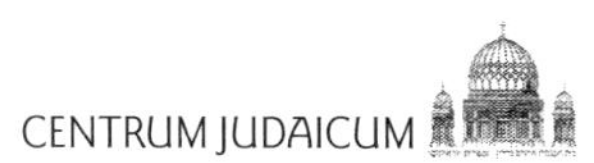

Umschlag vorn:
Walther Bensemann, vermutlich im Jahr 1920

Gefördert durch die
Deutsche Akademie für Fußball-Kultur.

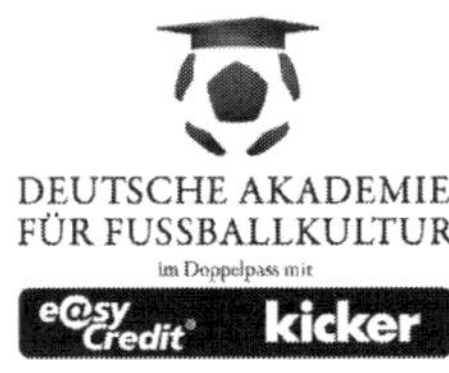

Inhalt

Einleitung

In den letzten Märztagen des Jahres 1933 ging Walther Bensemann ins Exil. Er verließ das vornehme Nürnberger Grandhotel, in dem er jahrelang ein Zimmer bewohnt hatte, und setzte sich im nahegelegenen Hauptbahnhof in einen Zug, der ihn in die Schweiz bringen sollte.

Er war vor kurzem 60 Jahre alt geworden und ließ eine Reihe guter Freunde in Süddeutschland zurück, die er zum Teil schon seit seiner Jugend kannte. Damals, gegen Ende des 19. Jahrhunderts, hatte er sie mit dem neuartigen Spiel namens Fußball infiziert – und mit der Idee, dass dieser Sport zu einer besseren Welt beitragen könnte. Er hatte die ersten Fußballvereine gegründet und ein Netzwerk an Beziehungen geknüpft, das ihm schließlich half, eine eigene Sportzeitung zu gründen: den *Kicker*. Diese Wochenzeitung war seit vielen Jahren sein Forum geworden: für wortgewaltige Plädoyers für die internationale Idee des Sports und für beißende Kritik an der nationalen Engstirnigkeit seiner Funktionäre. Diese Stimme würde fortan fehlen. Mit Bensemanns Fortgang verlor der deutsche Fußball eine seiner bedeutendsten Persönlichkeiten.

Es geschah nicht freiwillig, dass er abreiste und sein Lebenswerk, den *Kicker*, zurückließ. Er fühlte sich alt, litt an Krankheiten und vor allem: Er sah im Deutschland der Nationalsozialisten keinen Platz mehr für sich. Bensemann reiste zurück ins schweizerische Montreux, jenen Ort, an dem er eine glückliche Jugendzeit erlebt hatte und aus dem er einst aufgebrochen war, um den Fußball nach Deutschland zu bringen.

Erste Pioniertaten

Walther Bensemann stammte aus einer jüdischen Familie; das Amtsgericht Berlin-Mitte verzeichnete für den 13. Januar 1873 seine Geburt auf »vol. 56, Blatt 150 der Acten, die Beglaubigung der Geburten unter den Juden betreffend«. Als Vorname ist »Walter« eingetragen; er selbst schrieb ihn durchgängig mit »h«.
Seine Mutter Eugenie entstammte der gutbürgerlichen jüdischen Familie Marckwald; ihre Cousine Martha heiratete den Maler Max Liebermann. Die Familie seines Vaters, des Bankiers Berthold Bensemann, kam aus Königsberg. Walthers Urgroßvater Benjamin Marcus wirkte als Schullehrer der Königsberger Synagoge; sein Großvater Salomon Marcus wurde als Kaufmann und Bankier wohlhabend, galt als führender Repräsentant der Königsberger Jüdischen Gemeinde und war Träger des »Königlich preu-

ßischen Kronenordens 4. Klasse«. Erst Walthers Vater übersiedelte 1871 nach Berlin.[1]

Vermutlich im Alter von zehn Jahren kam Walther auf eine Privatschule in Montreux. Mit dieser Region blieb er sein Leben lang verbunden und pries sie als »Land der Jugend«. Von englischen Mitschülern lernte er den

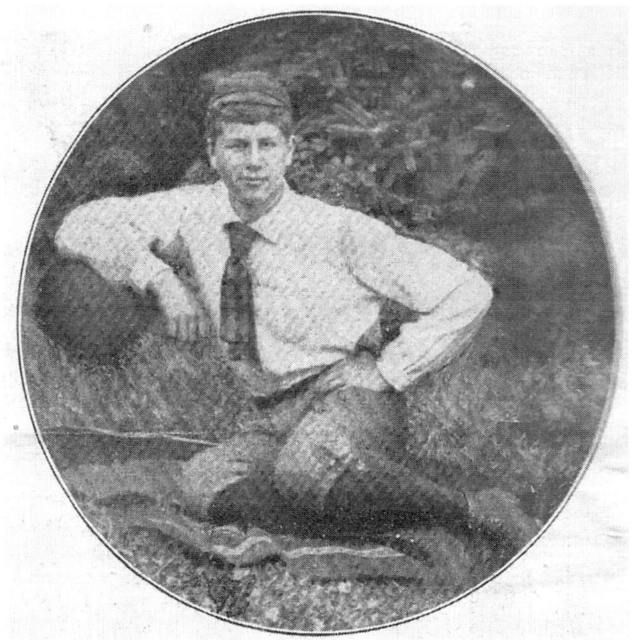

Walther Bensemann als 14-jähriger Schüler in Montreux. Dort lernte er von englischen Mitschülern den Fußball kennen.

ihm völlig unbekannten Fußball kennen. Die Tatsache, dass die Schweizer Privatschulen seinerzeit stark von englischen upper class-Zöglingen frequentiert wurden, hatte das Land zum ersten kontinentalen Einfallstor des neuen Sports gemacht, der in Großbritannien schon länger populär war. Auch in Montreux wurde nun ein Verein gegründet, mit Beteiligung des jungen Bensemann. Mit gerade einmal 14 Jahren nannte er sich stolz »Clubsekretär« des neuen *FC Montreux* (den es – nach einigen Fusionen – als *Montreux-Sports* noch heute gibt).

In Deutschland hatte der Braunschweiger Pädagoge Konrad Koch bereits 1874 eine erste Schülermannschaft zusammengestellt, doch erst elf Jahre später entstand in Berlin der erste deutsche Fußballverein.[2] In Süddeutschland blieb das Spiel noch länger unbekannt – bis 1889, als Walther Bensemann nach Karlsruhe kam, um am dortigen Großherzoglichen Gymnasium (dem heutigen Bismarck-Gymnasium) das Abitur abzulegen.

Seinen ersten Auftritt als Fußball-Missionar schilderte er selbst später so: »Im September ließ ich aus der Schweiz einen Fußball kommen; der Ball wurde morgens vor der Schule aufgeblasen, und in der Zehn-Uhr-Pause musste bereits ein Fenster des Gymnasiums daran glauben. Der im Schulhof wandelnde Professeur du jour, der Historiker Dauber, hielt eine Karzerstrafe für angemessen; allein Direktor Wendt erklärte sich mit der Bezahlung des Fensters einverstanden und schickte uns auf den kleinen Exerzierplatz, Engländerplatz genannt.«[3]

Der Engländerplatz, der (in verstümmelter Form) noch heute existiert, wurde zum Schauplatz der ersten Fußballspiele in Süddeutschland. Noch im September 1889 gründete sich hier auf Bensemanns Initiative der *International Football-Club Karlsruhe* und damit der erste Fußballverein südlich des Mains. Zwei Jahre spä-

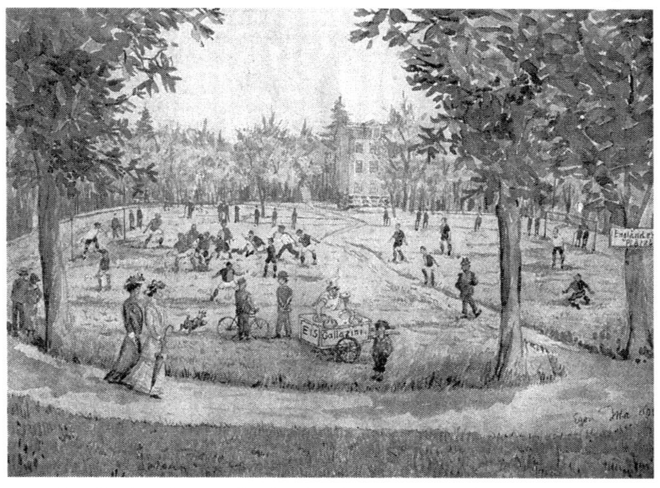

Der Engländer-Platz in Karlsruhe, Ort der ersten Fußballspiele in Süddeutschland. Das Ölgemälde wurde Bensemann zu seinem 60. Geburtstag geschenkt und stellt die Situation in den 1890er Jahren dar.

ter war Bensemann erneut die treibende Kraft, als der *Karlsruher Fußballverein* (KFV) entstand. Anders als dem *International FC* war dem KFV eine beachtliche Zukunft beschieden: 1910 gewann er die Deutsche Meisterschaft; heute spielt er nur noch im Amateurbereich.

Nachdem Bensemann 1892 sein Abitur abgelegt hatte, begann er als Student der Philologie ein unstetes Leben, das ihn an die Universitäten von Lausanne, Straßburg, Freiburg, Marburg und München führte. Wichtiger als sein Studium schien ihm seine Missionstätigkeit für den Fußball: Überall sammelte er junge Schüler und Studenten um sich, begeisterte sie für dieses Spiel und regte Vereinsgründungen an. Eine wichtige Rolle wird ihm unter anderem bei den noch heute erfolgreichen Vereinen *AS Strasbourg, Eintracht Frankfurt* und *FC Bayern München* zugeschrieben.[4]

Zu Bensemanns Pioniertaten gehörten darüber hinaus der erste Versuch, bei einem Spiel Eintrittsgelder zu erheben (1894 in Karlsruhe – man erklärte ihn daraufhin als »reif für die Illenau«, also für Badens größte Heil- und Pflegeanstalt)[5], die Gründung von Dachverbänden wie 1893 die *Süddeutsche Fußball-Union* sowie seine Bemühungen, dem Fußball durch gediegene Festlichkeiten und honorige Fürsprecher gesellschaftliche Anerkennung zu verschaffen.

»Engländer in der Narrentracht«

Die rasche Ausbreitung der Fußballbewegung verdeckte leicht die Tatsache, dass die jungen Kicker, die meist aus bürgerlichen Kreisen stammten, mit massiven Vorurteilen konfrontiert waren. Insbesondere die Turnvereine, die bislang das Monopol in Sachen Körpertraining besaßen, polemisierten gegen das scheinbar regellose und undisziplinierte Treiben der Fußballer; die Rede war von »Fußlümmelei«, »Aftersport« und »englischer Krankheit«. Auch Bensemann selbst erlebte das: In Karlsruhe nannte man ihn ob seines Sporttrikots verächtlich den »Engländer in der Narrentracht«.[6]

Unter den Bürgersöhnen, die eher anglophil statt engländerfeindlich eingestellt waren und der »englischen Modetorheit« daher offen gegenüberstanden, waren nicht wenige, die wie Bensemann aus jüdischem Hause stammten. »Die Sportbewegung, und zu dieser gehörte auch der Fußball, war liberaler als die deutschnational, chauvinistisch und antisemitisch besetzte Turnerschaft und übte folglich auf jüdische Aktive eine hohe Anziehungskraft aus.«[7] Im gemeinsamen Spiel mit nicht-jüdischen Mitschülern und Freunden sah man die Möglichkeit einer praktizierten Gleichberechtigung, die in anderen Bereichen des Lebens verwehrt blieb. Das galt insbesondere für jene Juden, die stark nach gesellschaftlicher Integration strebten. Unter ihnen war Bensemann nicht der Einzige, der formal die Religionszugehörigkeit wechselte: Er konvertierte schon als Student zum Protestantismus.

Dass Bensemann in Karlsruhe als »Engländer« galt, hat ihn vermutlich wenig gestört, denn er dachte schon früh kosmopolitisch. Von Beginn an verband er den Fußball mit der Idee grenzüberschreitender Begegnungen. Das war ungewöhnlich für eine Zeit, in der es noch keinen nationalen, geschweige denn internationalen Spielbetrieb gab. Noch ungewöhnlicher war, dass er dem Sport dabei eine friedensstiftende Rolle zusprach. Das galt vor allem für Begegnungen mit französischen Mannschaften, eine Idee, die Bensemann bereits als 21-jähriger Student verfolgte. In einem »Aufruf an die Herren Capitaine aller Fußballclubs in Deutschland« begründete er 1894 sein Werben für solch ein Spiel: »Nur ein Dummkopf, der keine Idee von der furchtbaren Tragweite eines Weltkrieges in der heutigen Kulturepoche hat, kann wünschen, dass Frankreich und Deutschland wieder zu den Waffen greifen. [...] Jeder Mann von Gefühl und Verstand sollte sich freuen, wenn Franzosen und Deutsche sich zum ersten Mal auf friedlichem Boden träfen und den alten Nationalhass vergessen würden.«[8]

Auch in anderer Hinsicht maß Bensemann dem Sport eine gesellschaftliche Funktion zu. Im gemeinsamen

Sporttreiben sah er die Möglichkeit, den »klaffenden Gegensatz der Stände« zu überwinden und ethische Ziele zu verfolgen, die er wie folgt definierte: »das Bemühen, die Begriffe der Freiheit, der Toleranz, der Gerechtigkeit im inneren Sportsleben, des Nationalgefühls ohne chauvinistischen Beigeschmack dem Auslande gegenüber zu wahren«.[9]

Noch prägnanter argumentierte er ein Jahrzehnt später, als er in einem Essay die – bereits sehr viel längeren – Erfahrungen der Engländer mit dem Fußball beschrieb und dabei auch auf die friedensstiftende Funktion des mittlerweile intensiven Sportverkehrs zwischen England und Frankreich hinwies: »Eltern, Erzieher und Ärzte werden nicht müde, früh und spät den Wert des Fussballspiels und jeder Sportbetätigung vom gesundheitlichen, moralischen und erzieherischen Standpunkt hervorzuheben. Soziale Unterschiede werden auf kurze Zeit aufgehoben; politische Zwiste treten in den Hintergrund; nationale Gegensätze verschwinden. Die ›Entente Cordiale‹ ist nicht so sehr das Werk König Edwards VII. gewesen, als vielmehr die Folge von vielen Hundert internationalen Wettspielen, die Vorurteile beseitigt und achtungsvolles Einvernehmen begründet haben. So wird der Fussballsport zum *Kulturfaktor*, zu einer machtvollen *ethischen Bewegung*, die erhoffen lässt, dass in absehbarer Zeit Spannungsverhältnisse zwischen gebildeten

Nationen auf dem grünen Rasen, nicht mehr in der bisherigen Weise ausgelöst und ausgetragen werden. Nicht nur die Kabinette, auch die Nationen sind für die Kriege verantwortlich. Wird erst das gegenseitige Verständnis besser, die gegenseitige Achtung tiefer, dann wird auch der kleine Lederball im Rate der Völker als *Friedenssymbol* vorschweben.«[10]

Erste internationale Spiele

Anfang der 1890er Jahre, als der Fußball in Deutschland nur die Freizeitbeschäftigung einer winzigen Minderheit war, erschienen solche Visionen als schiere Utopie. Doch schon bald gelangen Bensemann erste praktische Schritte. Am 7. Oktober 1893 arrangierte er das Spiel einer süddeutschen Auswahl gegen das Team von *Villa Longchamp* aus Lausanne, damals eine der besten Schweizer Mannschaften. Das Spiel, das in Karlsruhe stattfand, gilt Fußballhistorikern heute als erste grenzübergreifende Begegnung auf deutschem Boden.[11]

Um solche Spiele sportlich ertragreicher und für das Publikum attraktiver zu gestalten, rief Bensemann die *Karlsruher Kickers* ins Leben, ein nur zu wichtigen Anlässen zusammengerufenes Team von Spielern aus Karlsruhe, Frankfurt, Straßburg und Freiburg. Insgesamt organisierte Bensemann nach eigener Aussage[12] bis zur Jahrhundertwende 18 internationale Spiele, eine für damalige Verhältnisse erstaunlich hohe Zahl.

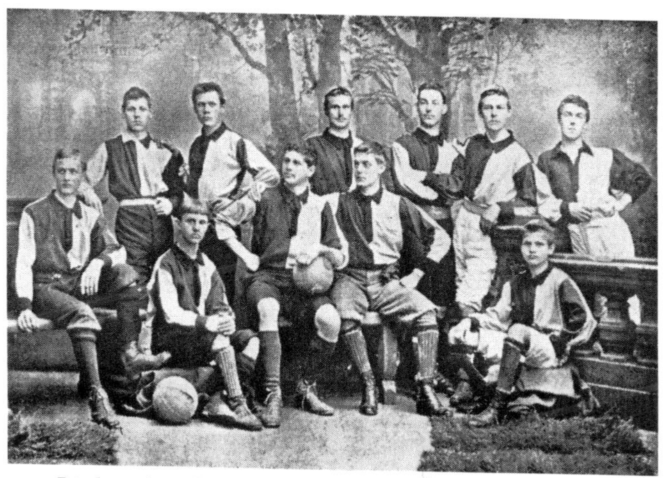

Die legendären Karlsruher Kickers, *vermutlich im Jahr 1894. In der Mitte (mit Ball) sitzt Walther Bensemann, ganz links sein langjähriger Freund Ivo Schricker.*

Schon bald genossen seine *Kickers* ob ihrer Spielstärke einen legendären Ruf. Neue Klubs wie die noch heute existierenden *Stuttgarter Kickers* bezogen sich bei ihrer Gründung ausdrücklich auf die Karlsruher Idole. Und das, obwohl der englisch klingende Name »Kickers« durchaus umstritten war. Noch 1901 empfahl der

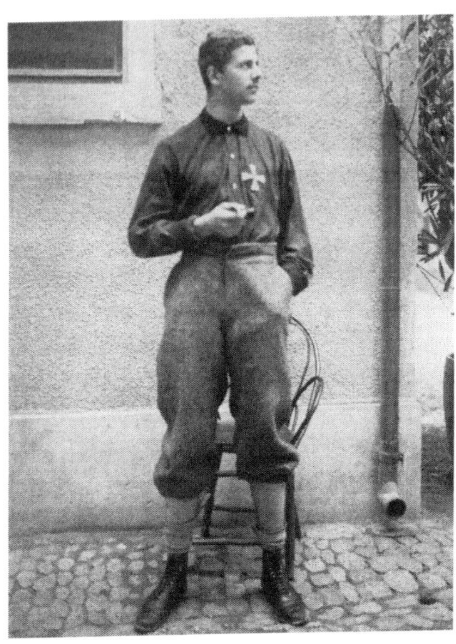

Walther Bensemann in sportlicher Aufmachung, im Jahr 1896.

Zentralausschuss zur Förderung der Volks- und Jugendspiele in Deutschland, jedem »Bürschchen, wenn es von ›Goal‹ und von ›Kicken‹ spricht, handgreiflich darzuthun, wie wenig sich das für einen deutschen Jungen passt«. Und: »Den stärksten Missklang hat aber ein süddeutscher Verein zu erzielen verstanden, der sich ›Die Kickers‹ nennen zu lassen für eine Ehre zu halten scheint.«[13] Übrigens zählten die 1899 gegründeten *Stuttgarter Kickers* wie auch die *Frankfurter Kickers*

(gegr. 1900), *Würzburger Kickers* (gegr. 1907) und *Kickers Offenbach* (gegr. 1901) zu jenen im bürgerlichen Milieu beheimateten Klubs, bei denen jüdische Sportler und Mäzene eine wesentliche Rolle spielten.[14]
Während Begegnungen mit Schweizer Klubs nach dem Auftakt 1893 häufiger stattfanden, dauerte es einige Jahre, bis das erste Spiel gegen eine französische Mannschaft zustande kam – zu groß waren die Vorbehalte auf beiden Seiten der Grenze. Im Dezember 1898 war es schließlich so weit: Ein von Bensemann sowie dem *Berliner Fußball- und Cricketbund* zusammengestelltes Team reiste nach Paris und trat dort zweimal an: zunächst gegen den Pariser (und damit faktisch französischen) Meister, die *White Rovers*, am folgenden Tag gegen eine rasch zusammengetrommelte Pariser Stadtauswahl. Die deutsche Auswahl gewann 7:0 und 2:1, der großgewachsene Bensemann spielte auf der Position des Mittelstürmers selber mit. Der Völkerverständigung diente vor allem die Nacht dazwischen, als die Deutschen mit ihren Gastgebern das »gai Paris« erkundeten, dabei über Gott, die Welt und die aktuelle Dreyfus-Affäre diskutierten und am Ende zwei »Absinth-Leichen« zu beklagen hatten. Das knappere Ergebnis am zweiten Tag ist wohl diesen Umständen zuzuschreiben.[15]

Ur-Länderspiele gegen England

Besonders kompliziert gestalteten sich Bensemanns Bemühungen, Begegnungen gegen ein repräsentatives englisches Team zustande zu bringen. Die Mannschaften im »Mutterland« des Fußballs waren den deutschen so turmhoch überlegen, dass sich ihr Interesse an Spielen außerhalb der britischen Inseln in Grenzen hielt. Die ehrwürdige *Football Association* (FA), der Dachverband des englischen Fußballs, hatte bis dahin noch nie eine Auswahl auf den Kontinent geschickt. Das deutsche Pendant zur FA, der *Deutsche Fußballbund* (DFB), existierte damals noch nicht, und die entstehenden Regionalverbände mochten sich mit der Idee schon deshalb nicht anfreunden, weil sie eine saftige Niederlage und Blamage fürchteten. Bensemann stand ziemlich alleine da mit seiner Idee, abgesehen von einer Handvoll auf ihn eingeschworener Spieler sowie erneut dem Berliner Regionalbund. Zwar gründete man ein recht hochtrabend benanntes »Deutsches Centralcomité für internationale Fußballwettspiele«, doch das bestand im Wesentlichen aus einem vornehm gestalteten Briefkopf.

So reiste der damals 26-Jährige nach England mit kaum mehr als einer kühnen Idee in der Tasche, um bei den FA-Granden vorzusprechen. Dabei kamen ihm sicherlich seine rhetorischen Fähigkeiten zugute:

Englisch sprach er wie seine Muttersprache, und seine Eloquenz soll nicht nur bei dieser Gelegenheit beeindruckend gewesen sein. Jedenfalls rang er der FA tatsächlich die Zusage ab, eine Auswahl prominenter Spieler nach Deutschland zu schicken.
Doch die Probleme waren damit längst nicht gelöst. Weiterhin opponierten die Regionalverbände gegen das Projekt. Vor allem mit dem *Süddeutschen Fußball-Verband* und dessen Vorsitzenden Friedrich Wilhelm Nohe lieferte sich Bensemann heftige Polemiken in den Sportzeitungen. Schließlich wurde er, also der eigentliche Gründer der süddeutschen Fußballbewegung, aus dem Verband ausgeschlossen und jedem Spieler, der sich gegen die Engländer aufstellen lassen würde, mit der gleichen Sanktion gedroht.
Das Hauptproblem allerdings war finanzieller Natur. Bensemann hatte der FA eine Garantiesumme von 2000 Goldmark zusagen müssen. Er pflegte zwar auf recht großem Fuß zu leben, doch eine solche Summe konnte auch er nicht aufbringen. Vielmehr hatte er offenbar auf den nahen Tod einer Erbtante gesetzt. Als die Dame sich weigerte, rechtzeitig zu sterben, stand er wenige Tage vor der Tournee vor einem gewaltigen Skandal und dachte sogar an Selbstmord. Sein Jugendfreund Ivo Schricker, zugleich Kapitän der deutschen Auswahl, rettete ihn durch ein Darlehen.[16]

Am glücklichen Ende also kamen die Engländer mit einer repräsentativen Auswahl; die Delegation wurde angeführt von den beiden FA-Vizepräsidenten C.W. Alcock und G.S. Sherrington. Auf deutscher Seite stand eine inoffizielle Auswahl aus Berlin und Süddeutschland – immerhin den seinerzeit wichtigsten deutschen Fußball-Stätten. Die süddeutschen Spieler traten trotz der drohenden Verbandssperre an (die dann nomineller Natur blieb).

Natürlich gewannen die Engländer alle Spiele überlegen: zunächst am 23. und 24. November 1899 zwei Begegnungen auf dem Platz am Berliner Kurfürsten-

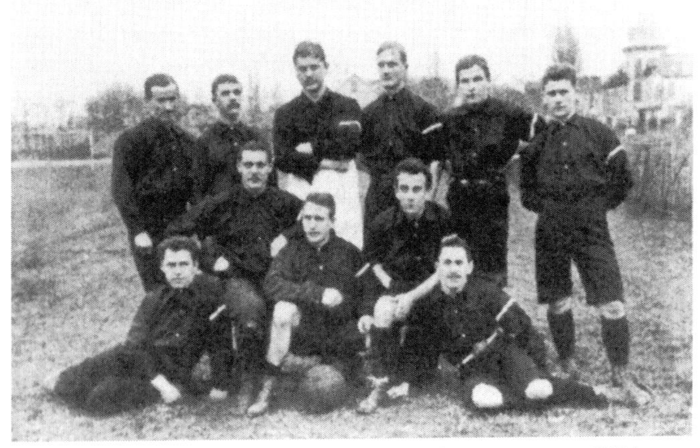

Das deutsche Team 1898 in Paris. In weißer Hose posiert Walther Bensemann, rechts neben ihm Ivo Schricker.

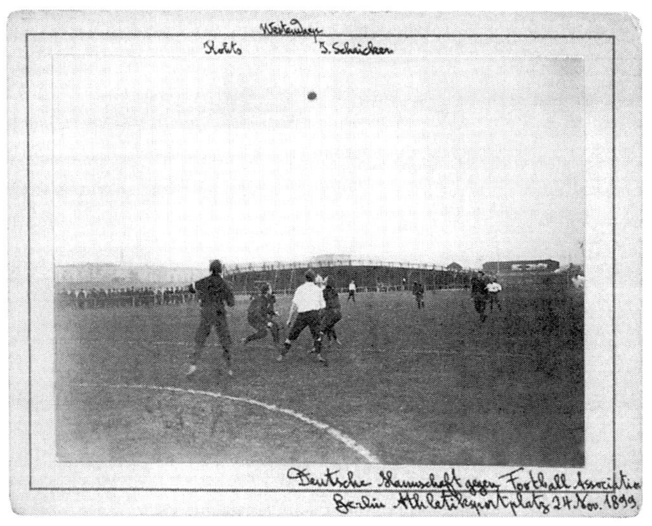

Szene aus dem »Urländerspiel« gegen eine englische Auswahl 1899 in Berlin.

damm (13:2 und 10:2), dann in Prag gegen eine deutsch-österreichische Auswahl (8:0) und schließlich am 28. November auf dem Exerzierplatz in Karlsruhe (7:0). Die Zuschauerzahlen in Berlin, wo man auf Anordnung des Polizeipräsidenten am Vormittag eines Werktages spielen musste, blieben dürftig (1 500 und 500), in Prag kamen 4 500, in Karlsruhe immerhin 2 000, eine durchaus nennenswerte Zahl für die damalige Zeit.

Der Bericht der Zeitschrift *Spiel und Sport* unterstrich die positive Bedeutung, die die Fußballszene seinerzeit den England-Spielen zumaß. Dank Bensemann, so schrieb sie, habe man »ein Ereignis, das in der Fußballgeschichte noch nicht vorgekommen ist«, erleben können. »In zwei Tagen haben wir mehr Neues, mehr Combination, mehr Tricks – faire und ehrliche –, mehr brillantes Einzelspiel zu sehen bekommen, wie in den verflossenen sechs Jahren zusammengenommen.«[17]

Auf englischer Seite würdigte man die Spiele ebenfalls, auch wenn sie – weil die Deutschen keine offizielle Auswahlmannschaft aufbieten konnten – nicht als »echte« Länderspiele in die Statistiken eingingen: Bensemann erhielt als erster Deutscher die Goldene Ehrennadel der FA »in recognition of his merits for the cause of international sporting«.[18]

Knapp zwei Jahre später kam es sogar zu Rückspielen in England. Allerdings musste Bensemann, der vom süddeutschen Verband noch immer heftig angefeindet wurde, sich nominell aus der Organisation zurückziehen, um die Tournee nicht zu gefährden. An seine Stelle trat sein enger Freund Ivo Schricker, der zu dieser Zeit in Berlin Jura studierte und einer der besten deutschen Mittelfeldspieler war. Er agierte wesentlich diplomatischer als der impulsive Bensemann und legte seinerzeit die Basis für seine spätere Karriere als

Funktionär.[19] Die von ihm angeführte deutsche Auswahl verlor im September 1901 jeweils zweistellig: in London 0:10 gegen die legendären »Gentlemen-Amateure« der *Corinthians* und in Manchester 0:12 gegen eine Profiauswahl. Heute gelten die Begegnungen der Jahre 1899 und 1901 gegen England als deutsche »Ur-Länderspiele« – Vorläufer der offiziellen Nationalmannschaftsspiele, die erst im Jahr 1908 begannen.
Nicht nur am Beispiel der »Ur-Länderspiele« zeigte sich, dass Bensemann zwar visionär denken und handeln konnte, dass ihm aber die Einbindung in eine Organisation schwerfiel. Zu oft verwandelten sich dabei inhaltliche in persönliche Differenzen. Ihm selbst war das wohl bewusst. Jedenfalls verzichtete er bis auf ganz wenige Ausnahmen darauf, ein Funktionärsamt anzustreben. So war er zwar dabei, als im Januar 1900 in Leipzig die Gründungsversammlung des DFB stattfand. Als Vertreter u.a. des Karlsruher Vereins *FC Phönix*[20] und einer der profiliertesten Delegierten diskutierte er dort energisch mit und sorgte per Antrag dafür, dass der DFB seinen noch heute gültigen Namen erhielt. Doch um ein Amt im neuen Verband bewarb er sich nicht.[21]

Als Pädagoge in Großbritannien

Bald nach der DFB-Gründung fand Walther Bensemann eine Stelle als Lehrer am Internat Château de Lancy in Genf. Für eine Anstellung an einer öffentlichen Schule in Deutschland fehlte ihm der notwendige akademische Abschluss – Folge einer unrühmlichen Zwangsexmatrikulation, die ihn bereits im Juni 1895 in Freiburg ereilt hatte. Dem damals 22-jährigen Pädagogik-Studenten Bensemann war vorgeworfen worden, Schüler, mit denen er Fußball spielte, zu Kneipenbesuchen begleitet oder angestiftet zu haben. Dabei sei es »zu einer Reihe grober Ausschreitungen« gekommen, in deren Folge »vier Schüler die Anstalt verlassen mussten«.[22] Obwohl Bensemann zahlreiche Fürsprecher gewinnen konnte und auch seine Eltern schriftlich um Nachsicht baten, wurde er mit Bescheid vom 28. Juni 1895 »wegen Befleckung der Standesehre bzw. Störung der Sitte und Ordnung des akademischen Lebens [...] mit Ausschließung von der Universität auf die Dauer von 3 Jahren bestraft«. Die Möglichkeiten einer akademischen Karriere waren damit stark eingeengt, sein Ruf als Pädagoge gefährdet.

Dennoch scheint er im Ausland als Internatspräfekt sowie als Lehrer in den Fächern Sport, Deutsch und Französisch reüssiert zu haben. Nach seiner einjährigen Tätigkeit in Genf wechselte er 1901 nach Großbritannien, wo er nun für die folgenden 13 Jahre heimisch werden sollte. Zunächst arbeitete er für ein Jahr in Schottland an der Dollar Academy, dann von 1902 bis 1905 in Staffordshire am Denstone-College und nach einigen Zwischenstationen schließlich bis 1914 an der Birkenhead School in Liverpool.

Zu seinem festen Repertoire gehörten Fahrten mit Schülerteams auf den Kontinent, insbesondere mit Rugby-Mannschaften nach Frankreich, aber einige Male auch nach Deutschland. Nach eigener Aussage hat Bensemann in jenen Jahren 70 bis 80 Mal den Kanal überquert.[23]

Auch die deutsche Fußballszene behielt er im Auge. Er vermittelte englischen Fußballklubs Gastspiele in Karlsruhe oder englischen Trainern Anstellungen im »Fußball-Entwicklungsland«. Und nachdem ihn der *Süddeutsche Fußball-Verband* wieder in seine Reihen aufgenommen hatte, tauchte Bensemann auch wieder auf dessen Versammlungen auf, saß 1907 kurzzeitig sogar im Vorstand.

Wie intensiv er von England aus Kontakte und Netzwerke auf dem Kontinent pflegte, zeigte sich beim ersten offiziellen DFB-Länderspiel im April 1908 in der Schweiz. Offenbar in Sorge, dass der DFB sich im Ausland in gesellschaftlicher Hinsicht blamieren könnte, reiste er aus England an und organisierte auf eigene

Faust und Kosten ein Rahmenprogramm für Spieler und Funktionäre.[24] Auch beim Länderspiel der englischen Nationalelf im März 1913 war Bensemann vor Ort und führte die englische Delegation durch Berlin.

Nicht nur bei diesen Gelegenheiten beeindruckte er als großzügiger Gastgeber. Dies galt auch für seine Stationen in England. In einer Chronik zur Birkenhead School, wo Bensemann fünf Jahre lang tätig war, heißt es über den inzwischen recht gewichtigen und von seinen Schülern »man-mountain« genannten Deutschen: »W. Bensemann verschwand plötzlich und hinterließ eine Wolke von Gerüchten, deren harmlosestes war, dass das *Adelphi* habe schließen müssen. Seine verschwenderischen Dinner-Partys verursachten im Nachhinein wilde Spekulationen.«[25] Das heute noch existierende *Adelphi* galt als eines der vornehmsten Hotels im Herzen von Liverpool.

Dass Bensemann aus England »plötzlich verschwand«, war nicht seine freie Entscheidung. Als er Ende Juli 1914 wie üblich zu Beginn der Sommerferien nach Deutschland reiste, überraschte ihn der Ausbruch des Ersten Weltkriegs und machte eine Rückkehr auf die britischen Inseln unmöglich. Er war gezwungen, in Deutschland zu bleiben, und trat am Institut Adam in Würzburg eine Stelle als Pädagoge an. Natürlich zählte die Aufstellung einer Schüler-Fußballmannschaft zu seinen ersten Amtshandlungen.

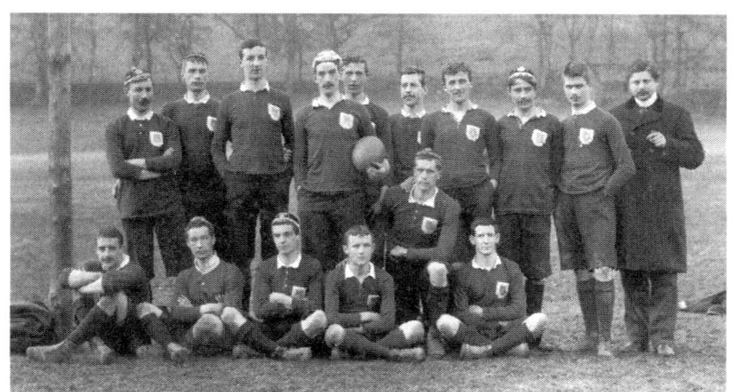

Walther Bensemann (rechts) 1901 als Lehrer an der schottischen Dollar Academy mit einer Schüler-Rugbymannschaft.

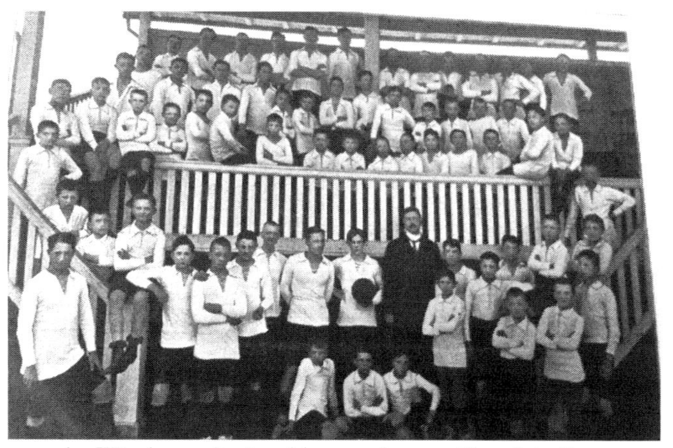

Am Würzburger Institut Adam, an dem er während des Ersten Weltkriegs tätig war, führte Walther Bensemann (Bildmitte) Sportunterricht mit Leichtathletik und Fußball ein.

Die Lehren des Krieges

Obwohl er niemals an der Front stand, erlebte Bensemann den Krieg als schieren Schrecken. Seine Sichtweise war eine europäische, keine nationale, und daher konnte es für ihn keine Sieger geben, nur Opfer. Die kriegerische Euphorie rings um ihn herum registrierte er ebenso verständnislos wie die Verachtung, mit der viele Deutsche auf andere Nationen herabsahen: »Ganz Deutschland taumelte in Hurrastimmung durch eine nicht von Herzen, sondern von den Lippen kommende Epoche der Weltmission. [...] Frankreich? 1870, Kommentar überflüssig. England: degeneriertes Krämervolk. Schweiz und Holland: dürfen nicht mucksen, werden im Notfall überschwemmt. Wir konnten alles, wir wussten alles. Uns konnte keiner ...«[26]
Seine Sicht war das nicht, im Gegenteil. Gerade England fühlte sich Bensemann nach seinem 13 Jahre langen Aufenthalt dort eng verbunden. In einem Offenen Brief, den er nach dem Krieg veröffentlichte, formulierte er dies eindrucksvoll: »Die politische Freiheit Englands, die so vielen zum Asylrecht verhalf, hat mir stets als Leitstern der Toleranz vorgeschwebt; die vornehme Form westländischer Kultur, die nach meiner Ueberzeugung in Grossbritannien ihren Höhepunkt erreicht hat, galt mir stets als Muster weltmännischer Weisheit, Selbstzucht, Mässigung. Die Jugenderzie-

hung in den Public Schools lernte ich als das Alpha und Omega aller Charakterbildung, als das Leitmotiv richtiger Durchbildung zum aristotelischen Staatsbürgertum kennen; der englische Sport und vor allem der Geist, in dem er betrieben wurde, hat mein Leben zum grossen Teil gestaltet und ausgefüllt.«[27]
Auch später noch pries er in Zeitungsartikeln immer wieder den Vorbildcharakter des englischen »sportsman«, den er weniger in sportlichen Höchstleistungen sah als in ethischen Tugenden wie Fairplay, Toleranz, Selbstdisziplin und Altruismus – Eigenschaften, die für sein Sportverständnis konstitutiv waren.
Seine Wertschätzung für die britische Nation verhehlte er auch während des Krieges nicht – was ihm prompt die Feindschaft nationalistisch gesonnener Kreise eintrug, zu denen nicht wenige Fußballer zählten. So veröffentlichte der *Norddeutsche Fußball-Verband* in seiner Zeitschrift *Spiel und Sport* den kriegerischen Aufruf: »Durch den Sport wurdet ihr für den Krieg erzogen, darum ran an den Feind, auf ihn und nicht gezittert.«[28] In späteren Ausgaben dieser offiziellen Verbandszeitung hieß es: »dieses Britenvolk, das ehrloseste der Welt«, oder: »Wir haben alle nur einen Feind: England!«
Dass den Schriftleiter dieser Publikation, einen Walter A. Cordua, die Bensemann'sche Haltung zur Polemik herausforderte, verwundert nicht: Er erklärte, Ben-

semann sei »schlimmer als die Engländer«, und empfahl ihm die Ausreise über den Kanal.[29] Auch am Institut Adam in Würzburg erntete Lehrer Bensemann Widerspruch: Bei einem Debattierabend zum Thema »Kann Deutschland nach dem Krieg ein Bündnis mit England eingehen?« bejahte er – offenbar als Einziger – diese Frage freimütig und wurde daraufhin einer »unpatriotischen Haltung« bezichtigt.[30]

In Würzburg musste Bensemann erleben, wie manche seiner Schüler, die er kürzlich noch unterrichtet hatte, an die Front geholt wurden und bald ums Leben kamen. Auch den Tod alter Mitstreiter aus Karlsruher Tagen hatte er zu beklagen, so von Erwin Schricker, dem Bruder seines Freundes Ivo, der bereits im Oktober 1914 gefallen war. Gleiche Nachrichten ereilten ihn über das Schicksal ehemaliger englischer Schüler.

Erschüttert schrieb er über diese Jahre: »Dann kam der Krieg. Ich habe ihn doppelt empfunden: es waren Jahre der Trauer um meine eigenen Landsleute, deren Pyrrhussiege mir das Ende nicht verschleiern konnten; Jahre der Trauer um liebe Kollegen, liebe Schüler, aus meiner fünfzehnjährigen Tätigkeit in England. Jedesmal, wenn die ›Times‹ oder der ›Daily Mail‹ kamen, fand ich die Namen derer, die ich jahrelang, Tag für Tag, auf der Schulbank, auf dem Fussballplatz, im Refektorium, in den Schlafsälen […] heranwachsen gesehen, und die jetzt in der flandrischen Ebene oder in Mesopotamien, kaum flügge geworden, ihr junges Leben ausgehaucht hatten; dazu kamen auf unserer Seite deutsche – Würzburger, Karlsruher, Strassburger – Freunde aus meiner Studentenzeit, Schüler aus den letzten Jahren, die, eben der Schulbank entwachsen, der grossen Armee eingereiht wurden – nutzlose Opfer einer verlorenen Sache. [...] Der Weltkrieg hat mir daher nicht nur auf beiden Seiten meine besten Freunde geraubt; er hat auch eine grosse Hoffnung endgültig begraben. Bei jedem Tagesbericht, bei jeder Torpedierung habe ich stets das Gefühl gehabt, dass die Kluft, die gähnende Kluft, sich weiter spaltet – bis sie nicht mehr zu überbrücken ist.«[31]

Ihm selbst war eine Feindschaft, die aus der Zugehörigkeit zu einer bestimmten Nation erwuchs, völlig fremd: »Auf den Geburtsort eines Menschen kommt es so wenig an, wie auf den Punkt, von wo er in den Hades fährt.« Und so entschloss er sich dann doch dazu, jene »gähnende Kluft« wieder zu überwinden und die Fußballer anzustiften, »als Sportsleute die hohe Ethik des gemeinschaftlichen Bandes zu einem Symbol des Fussball-Völkerbundes zu erheben«.[32] Der »pazifistischen Sportidee«[33] maß er eine hohe politische Gestaltungskraft zu, denn: »Der Sport ist eine Religion, ist vielleicht heute das einzige wahre Ver-

bindungsmittel der Völker und Klassen. [...] Am besten haben das die begriffen, die nicht mehr aus dem Kriege zurückkehrten.«[34]
So verließ Bensemann Klassenräume und Lehrerzimmer und betrat wieder die Fußballszene.

Die Gründung des *Kicker*

Als Journalist hatte sich Bensemann in der Vergangenheit schon mehrfach betätigt, zunächst vor allem, um in Sportzeitungen seine eigenen Projekte bekannter zu machen. Für den in München erscheinenden *Fußball* hatte er ab 1901 des Öfteren aus England berichtet. Nach seinem Ausscheiden aus dem Schuldienst intensivierte Bensemann seine Mitarbeit beim *Fußball*, doch offensichtlich strebte er nach publizistischer Eigenständigkeit. Im Juli 1920 gründete er in Konstanz mit dem *Kicker* seine eigene Zeitung – zunächst als eine Art Ein-Mann-Unternehmen, bei dem er zugleich als Herausgeber, Redakteur und Vertriebsmann agierte. Kernregion des wöchentlich erscheinenden Blattes war Süddeutschland, hier fanden sich auch die späteren Standorte der Redaktion: Ludwigshafen, Stuttgart und ab 1926 schließlich die damalige Fußballhochburg Nürnberg, wo die Zeitung noch heute erscheint. Erster Mitarbeiter wurde ein

Schüler namens Hans-Jakob Müllenbach, der später zum festen Redakteur und 1933 schließlich zu Bensemanns Nachfolger aufstieg.

Gute Freunde wie Ivo Schricker versuchten, ihm den Zeitungsnamen *Kicker* auszureden, der wie einst die *Karlsruher Kickers* provozierend englisch klang (ohne wirkliches Englisch zu sein). Doch Rücksichtnahme auf engstirnige Vorurteile war Bensemanns Sache nicht. Vor allem in den ersten Jahren des *Kicker* provozierte er manch deutschnational gesonnenen Leser mit saftigen Polemiken gegen den deutschen Spießer. Als Prototyp jener »Kulis einer Epoche, da der Untertan schweifwedelnd seine Inspiration von einer höheren Affenkaste empfing«, ließ Bensemann zuweilen eine Kunstfigur namens Kuhwedel durch seine Zeitungsspalten stolpern und sich bei aller Tumbheit doch als »Salz der Erde« fühlen.[35] Der Gastbeitrag eines Dr. Max Uebelhör gegen den Militarismus, »demjenigen made in Germany, dem einzig existierenden also«,[36] brachte dem Herausgeber nicht nur die hasserfüllte Leserzuschrift ein, der zufolge er »am nächsten Laternenpfahl gehängt« werden solle,[37] sondern nach eigenen Angaben auch den Verlust von 500 Abonnenten.[38]

Nicht nur deshalb gestaltete sich die Herausgabe der Zeitung als ständiger Existenzkampf. Die Kapitaldecke war offensichtlich dünn, die Konkurrenz durch den etablierten *Fußball* erheblich und der ökonomische Rahmen äußerst problematisch. In der Hyperinflation der Jahre 1922/23 stand der *Kicker* kurz vor dem Aus. Der Verkaufspreis kletterte von ursprünglich 1,50 Mark auf unvorstellbare 40 Milliarden Mark (November 1923), und wenn die wöchentlichen Einnahmen den Verlag erreichten, waren sie schon wieder weitgehend wertlos.

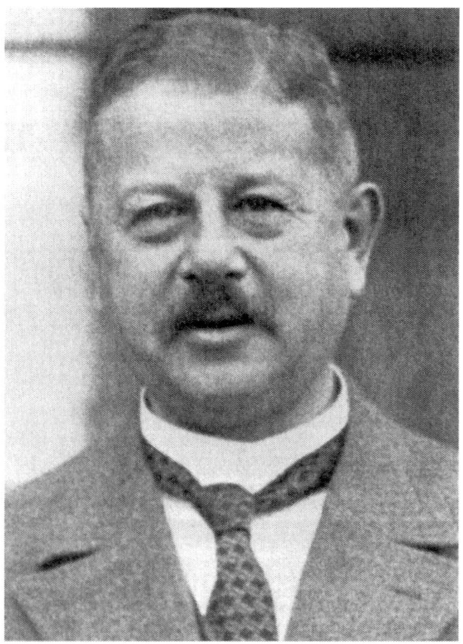

Als Herausgeber des Kicker, *vermutlich im Jahr 1920.*

Der Kicker

Nummer 1 — 14. Juli 1920

Aus Karlsruhe's Glanzzeit.

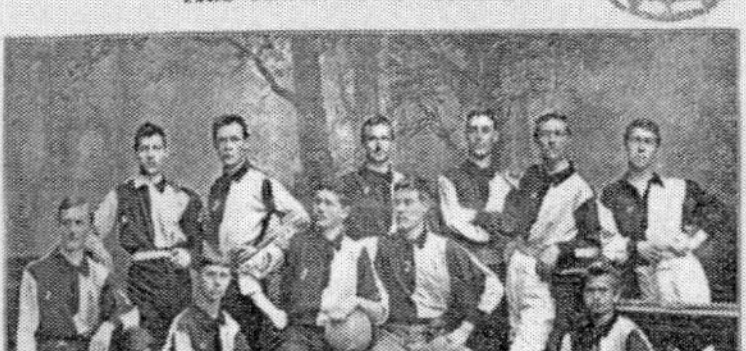

Die Kickers 1894.

W. Bensemann (1), Hall (2), Fr. Langer (3), F. Schricker (4), I. Schricker (5), König (6), E. Langer (7), Gräsler (8), Roth (9), Strube (10), Moosmann (11).

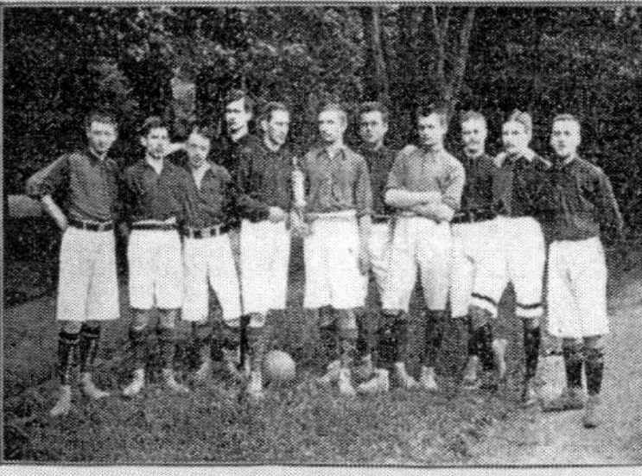

Der K. F. V. 1899

Von links nach rechts: Sauter, Heck, Kistner, W. Langer, Altenheim, Jägling, E. Langer, P. Langer, Gutsch, Wetzler, Hueck.

Die erste Ausgabe des Kicker *vom 14. Juli 1920.*

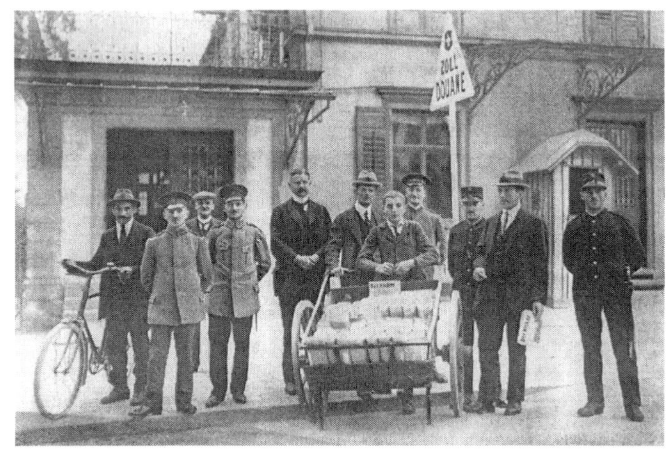

Vom Druckort Konstanz aus wurde ein Teil der Auflage in der Schweiz vertrieben – anfangs per Handwagen, um den sich der Herausgeber (hinten im Bild) persönlich kümmerte.

Dass sich der *Kicker* dennoch etablieren konnte, lag vor allem an der Person Bensemann und seinem weiten Netzwerk – schließlich galt er im In- und Ausland vielen als der »Mann, der sich wohl die größten Verdienste um den deutschen [...] Fußball erworben hat«.[39] In der Inflation beispielsweise retteten ihn die Kapitalzuflüsse zweier ausländischer Freunde in harter Währung. Zur wirtschaftlichen Konsolidierung trug bei, dass er den *Süddeutschen Fußball-Verband* (dessen Vorsitz zu dieser Zeit sein Freund Ivo

Schricker innehatte) überzeugen konnte, den *Kicker* ab April 1924 als »Zentralorgan« zu führen, was vermehrte Abonnements durch die Vereine einbrachte.
Die redaktionelle Qualität wiederum garantierte eine Vielzahl von (meist ehrenamtlich arbeitenden) Korrespondenten, darunter Rechtsanwälte oder Pädagogen. Oft waren es Bekannte aus früherer Pionierzeit, die dem Herausgeber verbunden waren und die inhaltliche Ausrichtung der Zeitung schätzten. Dies galt auch für Auslandskorrespondenten. Aus Wien, damals eine große Fußballhochburg, berichtete beispielsweise Hugo Meisl, als Verbandskapitän und »Vater des Wunderteams« die zentrale Figur des österreichischen Fußballs. Und von der ersten Weltmeisterschaft 1930 in Uruguay (an der Deutschland nicht teilnahm) schickte John Langenus seine Reportagen – ein hochrangiger belgischer Regierungsbeamter und zugleich ein international renommierter Schiedsrichter, der in Montevideo selber einige WM-Partien leitete, darunter das Endspiel. Der *Kicker* war damit vermutlich die einzige deutsche Zeitung, die bei dieser WM einen Berichterstatter vor Ort hatte.
Für das eigentliche Profil der Zeitung aber sorgten Bensemanns Beiträge selbst. Der Textteil nahezu jeder Ausgabe wurde mit seinen »Glossen« eröffnet, die sich über mehrere Seiten erstreckten. Sie bildeten eine unkonventionelle Mischung aus Nachricht und

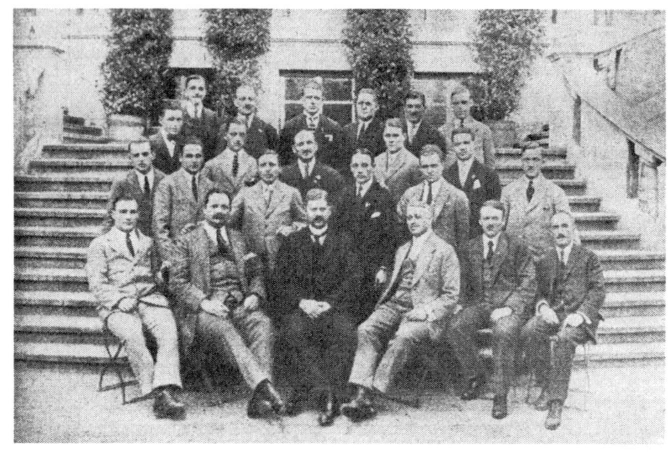

Mit Hugo Meisl (in der Bildmitte hinter dem sitzenden Bensemann), einer zentralen Figur des europäischen Fußballs, war Bensemann befreundet. Das Foto zeigt beide 1921 im Kreis der österreichischen Nationalmannschaft.

Meinung, Satire und Reportage, Reisebericht und persönlicher Erinnerung. An einem Fußballspiel interessierten ihn weniger die Torfolge als die taktischen Finessen der Mannschaften, ihr sportliches Verhalten und die gesellschaftliche Rahmung – letztere zuweilen bis hin zur Speisefolge beim Bankett nach dem Spiel. Auch an seinen Begegnungen mit den Größen der europäischen Fußballszene ließ Bensemann seine Leser teilhaben, wobei seine Berichte immer über den Fußball hinausgingen und anschauliche Einblicke in

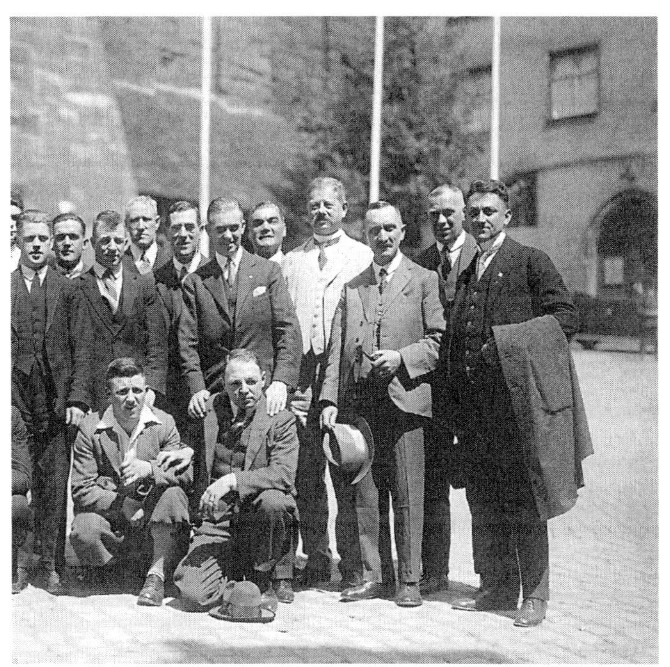

Bensemann (in hellem Anzug) führt Mitglieder des schottischen Klubs Cowdenbeath *durch Nürnberg.*

sein eigenes Leben und die damalige Zeit eröffnen. Zusammengehalten wurde dieser Mix durch gedankliche Originalität und eine meisterhafte Sprache auf durchaus intellektuellem Niveau. Es waren »ungewöhnliche Arbeiten«, urteilte noch 50 Jahre später der bekannte Publizist Richard Kirn, »das Bedeutendste, was je ein deutscher Sportjournalist geschrieben hat«.[40]

Das kosmopolitische Sportverständnis

Zentrales Anliegen der Zeitung blieb unter Bensemanns Regie, also von der Gründung 1920 bis zu seinem erzwungenen Fortgang 1933, der sportliche Internationalismus. Seinen *Kicker* definierte er explizit als »ein Symbol der Völker-Versöhnung durch den Sport«.[41] Von Anfang an räumte die Zeitung der Berichterstattung über Fußball im Ausland einen ungewöhnlich hohen Stellenwert ein; zumindest anfangs machte dies ungefähr die Hälfte der gesamten Spielberichterstattung aus.

Der *Kicker* und sein Herausgeber halfen den süddeutschen Vereinen, internationale Freundschaftsspiele zu organisieren; einen institutionalisierten Spielverkehr gab es in den 1920er Jahren noch nicht: keine Europa- oder Weltmeisterschaft, kein Europapokal. Insbesondere zu den sehr spielstarken Teams der ehemaligen Donaumonarchie – vor allem aus Wien, Budapest oder Prag – besaß Bensemann beste Verbindungen und pflegte Freundschaften mit deren Funktionären. Nachdem er im Juni 1922 wieder einmal Prag besucht hatte – dort spielte erstmals eine britische Mannschaft gegen einen der mitteleuropäischen Weltkriegsgegner –, registrierten dies die tschechischen Medien aufmerksam. Von der deutschsprachigen *Prager Presse* über die *České slovo* bis zur kommunistischen *Rudé právo* vermeldeten die Blätter unisono die Ankunft des »Sportmanns« und »ausgezeichneten Fachmanns« mit seiner »unerschrockenen Tätigkeit für Völkerfrieden im Sport«.[42]

Als praktischen Beitrag zur Wiederanbahnung eines Sportverkehrs nach dem Weltkrieg lobte der *Kicker* einen »Friedenspokal« für das erste Nachkriegsspiel zwischen einer elsässischen und einer süddeutschen Mannschaft aus. Bensemann begründete diese Aktion mit den Worten: »Ich erblicke in der Wiederaufnahme sportlicher Beziehungen zwischen dem Elsass und Deutschland das beste, ja, das einzige Mittel, eine Völkerversöhnung anzubahnen, die kommen muss, wenn sich nicht zwei Völker, die einen Segen für die Menschheit bilden könnten, aneinander aufreiben sollen.«[43]

Ähnlich argumentierte er, als im April 1924 mit den legendären *Corinthians* erstmals nach dem Krieg wieder eine englische Mannschaft nach Deutschland kam und dort gegen den *Hamburger SV* spielte – eine Begegnung, an deren Zustandekommen Bensemann vermutlich selber mitgewirkt hat: »Die Tendenz des

›Kicker‹ war es von jeher, zerrissene Fäden wieder anzuknüpfen. Der Sport schien mir stets eine Möglichkeit, nie ein Allheilmittel. Solange es Sieger und Besiegte gibt, wird der Kampf der Völker niemals zu Ende gefochten sein; aber der Sport birgt etwas von der Wunderkraft jenes Ringes, von der Lessing aus Boccaccios Fabel erzählt. Da er Völkererkenntnis vermittelt, legt er auch den Grundstein zur Völkerversöhnung.«[44] Durch das Spiel in Hamburg, so Bensemann, sei »Deutschland wieder in den sportlichen Völkerbund der Nationen« eingetreten.

Schließlich wagte er sogar ein klares Bekenntnis zu einem der großen politischen Projekte: der europäischen Einigung, die gerade in Deutschland, wo die Rechte gegen den »Schandvertrag von Versailles« wetterte, äußerst umstritten war. Angesichts der Streitfragen zwischen Frankreich und Deutschland – beispielsweise die Reparationen oder die Ruhrbesetzung 1923 – schrieb er: »Daher will ich nie von der Überzeugung abgehen, dass ein gutes Verhältnis zwischen diesen beiden Ländern eine conditio sine qua non des künftigen Europas sein muss.« Und er schlussfolgerte: »Der Moment wird kommen, in welchem die Intellektuellen nicht nur, sondern die grosse Mehrheit beider Völker sich zu dem Gedanken durchringt, dass eine gemeinsame Arbeitsleistung für das eigene Land und für die gesamte Menschheit wertvoller und

Die Völkerversöhnung durch den Sport

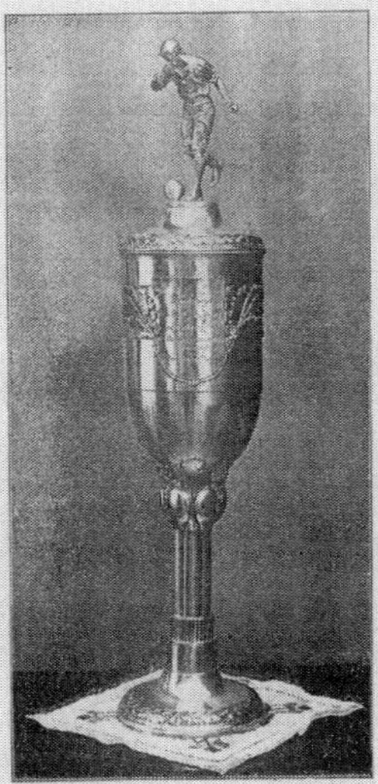

Der „Kicker"-Pokal für das erste, nach dem Kriege stattfindende Wettspiel zwischen einer ungarischen und tschechischen Mannschaft

Der Pokal sollte am Sonntag zum Austrag kommen anlässlich des Wettspiels Slavia-Prag – F.T.C.; durch die Unnachgiebigkeit der ungarischen Regierung musste das Wettspiel unterbleiben. Der Pokal harrt nun seiner Austragung

Der Kicker *lobte zwei Friedenpokale aus: für das erste Nachkriegsspiel zwischen einer elsässischen und einer süddeutschen Mannschaft sowie zwischen einer ungarischen und einer tschechischen Mannschaft.*

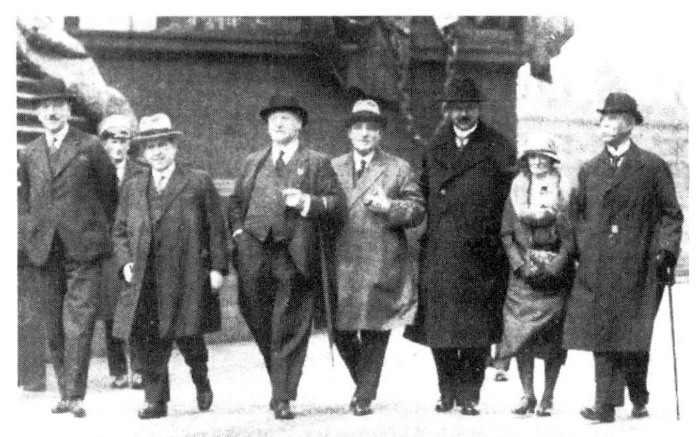

Als die englische Nationalelf im Mai 1930 zum Länderspiel nach Berlin kam, führte Bensemann (Dritter von rechts) den greisen Sekretär der Football Association, *Sir Frederick Wall (rechts) sowie dessen Frau durch die Reichshauptstadt.*

erspriesslicher ist als die Fortsetzung jahrhundertelanger Kämpfe und Exstirpationen. [...] Aus ethischen, sozialen und nationalen Gründen kenne ich nur ein Endziel, das erstrebenswert wäre: Die Vereinigten Staaten Europas.«[45] Der Leitartikel, für eine Sportzeitung ungewöhnlich genug, erschien ironischerweise im November 1923, nur wenige Tage nach dem Hitler-Putsch in München.

Wie prononciert Bensemann seine Haltung vertrat, unterstreicht auch die Würdigung, die Richard Kirn, damals ein aufstrebender Sportjournalist und *Kicker*-Korrespondent, 1930 anlässlich des zehnjährigen Bestehens der Zeitung verfasste: »Der ›Kicker‹ entstand in schlimmer Zeit. Ist die jetzige besser? Man darf es bezweifeln. Wesentlich scheint mir: die geistige Haltung des ›Kicker‹ und das will heißen: Walther Bensemanns ist immer die gleiche geblieben. Wo andere in trüber Zeit auf ein armselig-schlappmäuliges Nationalistentum spekulierten, waltete über dieser Fußballwochenzeitschrift der wohltuende Geist eines anständigen Menschentums, eines Humanismus, der auch durch Enttäuschungen nicht zu Grunde ging, eines hoffnungsvollen ›guten Europäertums‹. Darum ist es, daß wir diese Zeitung lieben.«[46]

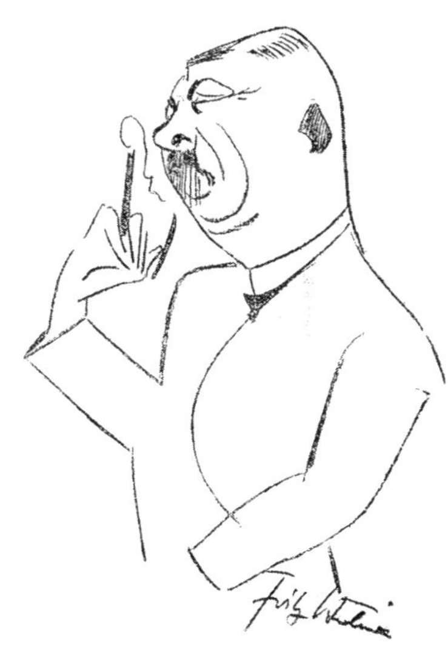

Walther Bensemann in einer Karikatur des Kicker, 1930

Heftige Konflikte mit dem DFB

Bensemanns kosmopolitisches Sportverständnis bildete im deutschen Fußball der Weimarer Zeit keineswegs den Mainstream. Schon vor dem Krieg hatte der DFB die internationale Bühne eher zögerlich betreten, war bei der Gründung der FIFA nicht dabei gewesen, hatte das erste Länderspiel erst 1908 arrangiert – also volle neun Jahre nach Bensemanns »Ur-Länderspielen« – und erst 1912 an einem olympischen Fußballturnier teilgenommen. An dieser Haltung hatte sich wenig geändert, die Mehrheit im DFB-Bundesvorstand war noch immer deutschnational eingestellt. So war es kein Wunder, dass es zu heftigen Meinungsverschiedenheiten und Spannungen kam.
Bensemanns Widerpart wurde vor allem Felix Linnemann, der im DFB-Vorstand zunächst für die internationalen Beziehungen zuständig war. Ihm warf er in mehreren Leitartikeln arrogantes und überhebliches Auftreten gegenüber ausländischen Verbänden vor. Einen Höhepunkt erreichte der Streit, als der *Kicker* 1923 die offenbar vom DFB verschleppten Verhandlungen über Länderspiele gegen Ungarn und Schweden attackierte und dem dafür verantwortlichen Linnemann attestierte, einen »Mangel an Diplomatie« gezeigt und »ein Kabinettstück von Taktlosigkeit« abgeliefert zu haben. Linnemann antwortete mit einem

Brief, in dem er Bensemann vorwarf, er »denke zu international«: »Sie wissen ja selbst, dass Sie nicht nur in fremden Sprachen träumen, Sie fühlen leider nach meinem Empfinden auch zu stark in fremder Mentalität.«[47] Durch die nationalistisch motivierten Überheblichkeiten mancher DFB-Funktionäre sah Bensemann das Projekt einer internationalen Verständigung mithilfe von Sportbegegnungen gefährdet: »Der Hass gegen Deutschland [...] entspringt einer Antipathie gegen schulmeisterliche Belehrung.«[48] Umso mehr sah er sich darin bestärkt, seine private Diplomatie zu betreiben und eigene Kontakte mit wichtigen europäischen Fußballfunktionären zu pflegen. Auch Frederick Wall, als Sekretär der englischen *Football Association* eine graue Eminenz des internationalen Fußballs, sowie den FIFA-Präsidenten Jules Rimet kannte er gut. Schließlich natürlich Dr. Ivo Schricker, der ab 1927 als Vizepräsident der FIFA amtierte, ab 1932 als deren Generalsekretär. Gerade in der FIFA sah Bensemann sein Ideal eines sportlichen Völkerbundes verkörpert und pries sie als »das herrlichste Geschöpf der Welt«.[49] Umso heftiger geriet seine Kritik, als sich der DFB mit den »Hannoveraner Beschlüssen« 1925 international isolierte. Auf einer Verbandstagung war beschlossen worden, zur Verteidigung des deutschen Amateurideals künftig den Spielverkehr mit Profiteams aus der Tschechoslowakei, Ungarn und Österreich zu verbie-

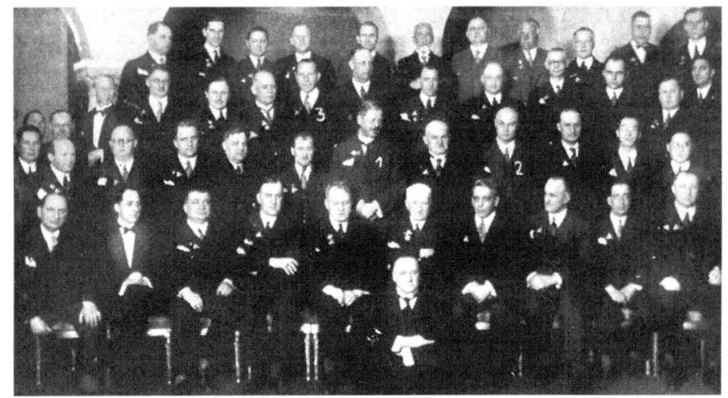

Walther Bensemann inmitten der internationalen Fußball-Granden beim FIFA-Kongress 1932 in Stockholm. Der Kicker *markierte seinen Herausgeber als Nr. 1, die deutschen Delegierten Kartini und Dr. Peco Bauwens als Nr. 2 und 3. In der ersten Reihe außerdem zu erkennen: Hugo Meisl (ganz links), FIFA-Präsident Jules Rimet (Fünfter von rechts) sowie Dr. Ivo Schricker (Dritter von rechts), der auf diesem Kongress zum Generalsekretär gewählt wurde.*

ten – die gerade für süddeutsche Vereine äußerst attraktive Gegner darstellten. Dieser »ungeheuerliche«, »taktlose« und »überhebliche« Beschluss (Bensemann) war in den folgenden Jahren immer wieder Ziel seiner Attacken: »Es wird sich herausstellen, dass die übergroße Majorität der FIFA-Verbände durchaus nicht gesonnen ist, am deutschen Sportwesen zu genesen. Ich habe dies schon vor Wochen und Monaten befürchtet; als Antwort auf meine Befürchtungen

kamen die Beschlüsse von Hannover, die von einer Weltfremdheit ohnegleichen zeugten und durch ihre verkehrte psychologische Einstellung unsere wenigen Freunde im Ausland gegen uns aufbrachten.«[50]
Zum zugrundeliegenden Streitpunkt – Ablehnung des Profitums – nahm Bensemann eine differenzierte Haltung ein. Große Kreise im DFB pflegten ein striktes Amateurideal, das sie oft mit völkisch und militaristisch gefärbten Tönen untermauerten, so etwa Felix Linnemann, inzwischen DFB-Bundesvorsitzender, der 1927 in einem Brief an den Reichswehrminister »die körperliche Ertüchtigung des ganzen Volkes« sowie die »Wehrfähigkeit des Volkes« als Ziel des Breitensports definierte.[51] Das Profitum hingegen war ihm Ausdruck einer materialistischen Lebenshaltung und ein »Zeichen des Niederganges eines Volkes«.[52]
Bensemann brachten solche Behauptungen auf die Palme, zumal bei den größeren Vereinen längst Gelder unter der Hand gezahlt wurden, weshalb er von »der verschrobenen, erstunkenen und verlogenen Marke Amateurismus«[53] sprach. Er selbst sah die Sache nicht ideologisch, sondern pragmatisch. Mit einer gewissen Wehmut akzeptierte er, dass sich die Zeiten geändert hatten und Fußball als Massenkultur ohne Elemente des Profitums, ohne Beteiligung der Spieler an den Einnahmen der Vereine, nicht mehr funktionieren konnte. Wie sonst sollten Fußballer aus dem Arbeiter-

milieu, die für Spitzenklubs kickten, den zunehmend intensiveren Trainings- und Spielbetrieb bewältigen? Zwar sah Bensemann aus ökonomischen Gründen damals noch keine Chance für einen regelrechten Profibetrieb in Deutschland. Doch forderte er vom DFB pragmatische Lockerungen der starren Amateurbestimmung, beispielsweise bei Spesen und Aufwandsentschädigungen: »So würde ich es auch lieber gesehen haben, wenn der DFB in allen seinen Erklärungen nur von praktischen Erwägungen und niemals von ethischen Bedenken gesprochen hätte. Ich persönlich erblicke nämlich im Berufsspielersport nichts, was gegen die Ethik verstößt.«[54]

Auch in anderen großen Streitfragen des deutschen Fußballbetriebes argumentierte Bensemann zwar oft mit polemischer Feder, aber in der Sache selbst mit Augenmaß und ohne ideologische Scheuklappen. Als Verfechter von sportlichen Einheitsorganisationen beispielsweise lehnte er separate Arbeitersportvereine ebenso ab wie konfessionelle Verbände. An den Aktivitäten der damals bedeutsamen Arbeitersportverbände kritisierte er deren (partei-)politische Agitation und klassenkämpferischen Implikationen. Zugleich übersah er nicht, dass es in ihrer Betonung des Fair Play und des Internationalismus wesentliche Berührungspunkte mit seinem eigenen Sportverständnis gab. In diesem Sinne berichtete er über größere Veranstaltungen der Arbeitersportbewegung zuweilen ausführlich und bescheinigte einer Arbeitersportzeitung »echten Pioniergeist, wie er uns früher beseelte«.[55]

In seiner Kritik an den jüdischen Separatverbänden argumentierte er ebenfalls moderat, doch deutlich aus dem Blickwinkel eines nach Assimilation strebenden Juden: »Die Leidensgeschichte des jüdischen Volkes ist genau wie die der ersten Christen oder die der ersten Protestanten ein Schandfleck der Geschichte. Allein sie sollte dazu führen, Humanität und Toleranz als Prinzipien gelten zu lassen. Neben den vielen hochgebildeten Israeliten, die sich in der Nation, von der sie einen Bestandteil bilden, akklimatisiert hatten und die zum Teil als Philanthropen und Förderer der Künste über den Rahmen ihres Landes hinaus gewirkt haben, gibt es eine ganze Reihe von Staatsbürgern derselben Konfession, die nur durch eine intensive soziale Vermischung mit Andersgläubigen gewinnen kann. Warum also etwas Trennendes in eine Bewegung hineinschaffen, welche die Einigkeit als obersten Grundsatz pflegt?«[56]

Die aktuelle Gefahr eines wachsenden Antisemitismus allerdings thematisierte Bensemann hier, wie auch bei späteren Anlässen, kaum. Diese Zurückhaltung, der möglicherweise Illusionen über die wahre Wucht judenfeindlicher Strömungen in Deutschland zugrunde lagen, sollte der *Kicker* bis 1933 beibehalten.

Konfrontation mit Antisemitismus

In der Weimarer Republik hatte der Antisemitismus neuen Nährboden gefunden – vor allem, weil für die politischen Nachwehen des verlorenen Krieges und für ökonomische Krisenerscheinungen wie Inflation oder Arbeitslosigkeit Sündenböcke gesucht wurden. Auch der Fußball blieb von antisemitischen Vorfällen nicht verschont. Der Wiener Sportjournalist Willy Meisl (ein Bruder des erwähnten österreichischen Verbandskapitäns Hugo Meisl) zitierte im *Kicker* ein Beispiel aus dem österreichischen *Volksblatt*. Darin wurde behauptet, der Fußball werde »von jüdischem Gelde erhalten [...], um die Leidenschaften der Massen aufzupeitschen und die rohen Instinkte der Menschen zu wecken«. Meisl, der selber jüdischer Herkunft war, kommentierte: »No also, bitte! Ist er nicht an allem Schuld? – Wer? – Blöde Frag': der Jud!«[57]

Bensemann selbst erhob im *Kicker* nur sehr selten den Vorwurf des Antisemitismus, in einem Fall gegenüber einem Straßburger Leserbriefschreiber, der sich als »ehrlicher Arbeiter« bezeichnete und bestimmten Fußballerkreisen »Krämergeist« vorwarf. Bensemann antwortete: »Ihr Brief bekundet einen offensichtlichen Antisemitismus, den man in Arbeiterkreisen eigentlich nicht erwartet. Lassalle, Marx und Rosa Luxemburg haben doch stets bei der werktätigen Schicht die allergrößte Verehrung genossen.«[58]

Ansonsten wich Bensemann dieser Problematik in seinen »Glossen« eher aus. Zwar veröffentlichte er zuweilen Leserbriefe oder Presseberichte, die antisemitische Stimmungen in der Turnerschaft kritisierten, doch kommentierte er sie zurückhaltend mit den Worten: »Zu einer Diskussion [dieser Berichte] kann ich nicht schreiten, da der Kicker sich mit der Turnerei in keiner Beziehung abgibt. Ich habe genug damit zu tun, die Politik vom Sport fernzuhalten.«[59]

Und als die linke Zeitschrift *Arbeitersportler* behauptete, »das bürgerliche Sportpublikum [stelle] die Kerntruppen für Naziversammlungen«, während »der Kicker krampfhaft die Augen davor zudrückt«, antwortete Bensemann mit einem Hinweis auf die parteipolitische Neutralität der Sportbewegung: »Wir haben uns niemals die Mühe gegeben, die politischen Anschauungen unserer Zuschauer zu erforschen; selbst unseren Mitgliedern steht ihre Parteizugehörigkeit völlig frei.«[60]

Sogar ein eklatanter antisemitischer Vorfall in Bensemanns direktem Umfeld blieb von ihm unkommentiert: Im August 1932 verließ der langjährige ungarische Trainer des 1. FC Nürnberg, Jenö Konrád, über Nacht Deutschland und übersiedelte nach Österreich. Anlass waren Attacken des in Nürnberg erscheinenden Hetzblattes *Der Stürmer* gegen den Trainer, über den es u.a. hieß: »Ein Jude ist ja auch als wahrer Sportsmann nicht denkbar. Er ist nicht dazu gebaut mit seiner abnormen und missratenen Gestalt.«[61] Obwohl Bensemann mit Konrad gut bekannt war und ihn im *Kicker* mehrfach als hervorragenden Trainer lobte, schwieg er zu dem Eklat. Die Motive dafür sind schwer zu mutmaßen. Möglicherweise schien es ihm gerade aufgrund der eigenen jüdischen Herkunft unpassend, Angriffe auf jüdische Bürger zu thematisieren.

»Teutsch, Treu, Tüchtig«

Doch auch Bensemann selbst war mit antisemitischen Klischees gegen seine Person konfrontiert. Dies galt vor allem für seinen langjährigen Streit mit dem westlichen Regionalverband des DFB, dem *Westdeutschen Spielverband* (WSV) bzw. dessen Zentralorgan namens *Fußball und Leichtathletik* (FuL). Diese Fehde war in Schwung gekommen, nachdem der FuL im Frühjahr 1924 ein Traktat veröffentlicht hatte, dessen Inhalt durch die Überschrift im Grunde hinreichend wiedergegeben wird: »Die drei scharfen T des WSV«, nämlich »Teutsch, Treu, Tüchtig«. Verfasser war Josef Klein, der Vorsitzende des WSV-Jugendausschusses.[62]

Klein ging es um pädagogische Grundsätze, die für Sport und Nation gleichermaßen eine prägende Kraft entwickeln sollten. Ziel der sportlichen Erziehung waren für Klein »in und für Deutschland brauchbare Menschen«, die die »Lebenskräfte des deutschen Volkstums« retten sollten. Seine rigorose Ablehnung galt dem »schwachsinnigen Traum von sportlicher Weltverbrüderung« sowie jeglicher Form des Profitums.

Bensemann druckte den Artikel nach und ließ ihn durch – überwiegend ablehnende – Gastbeiträge kommentieren. Ein Vorgehen, das ihm seitens des FuL den Vorwurf einbrachte, er habe »das ganze Heer« seiner »Spottjournalisten aufgeboten, um Herrn Dr. Klein lächerlich zu machen und seine Gedanken als die Ausgeburt eines nationalistischen Gehirns zu verdummteufeln«.[63] Danach verging kaum eine Ausgabe des *Kicker* oder des FuL ohne wechselseitige Sticheleien, und der Streit eskalierte, als im Frühjahr 1925 Guido von Mengden Redakteur des FuL wurde. Auch er warf Bensemann vor, er mache »sehr viel in Sportpolitik, allerdings nicht in deutscher«, und fügte dieser Kritik bald einen unüberhörbaren antisemitischen Unterton bei. Beispielsweise rechnete er den *Kicker*-Herausgeber zu jenen Menschen, »die Krämer und Geschäftemacher mit Volksseele und Volksgemüt sind«[64], und schrieb von einem »Mausefallenhändler«,

der »aus den Ländern um Galizien« stamme. Letztere Beleidigung war zwar gegen Hugo Meisl gerichtet, den (jüdischen) Verbandskapitän in Österreich, zielte aber gleichzeitig auf Bensemann, der mit Meisl eng befreundet war. Vor allem diese Formulierung veranlasste den *Kicker*-Herausgeber, den Streit zwar nicht inhaltlich zu vertiefen, aber formal eine Etage höher zu hängen: Er drohte mit dem Austritt des süddeutschen Verbandes aus dem DFB, sofern der FuL seine Tonlage nicht mäßigen würde.[65]
Auch wenn Bensemann mit dieser Drohung seine Kompetenzen vermutlich weit überschritt, so verweist der Vorgang doch darauf, dass es sich bei dem Streit keineswegs um die Privataffäre zweier verfeindeter Zeitungsleute handelte. Der *Kicker* war seit 1924 das Zentralorgan des *Süddeutschen Fußball-Verbandes*, der FuL das des Westdeutschen, und ihre Fehde war durchaus repräsentativ für die politische Konfliktlage im DFB. Bensemann verfolgte in den wichtigsten sportpolitischen Fragen einen Kurs des Ausgleichs, des Pragmatismus und der Verständigung. Dagegen dominierte beim FuL eine aggressive deutschnationalistische Ideologie. Klein und von Mengden formulierten lediglich in pointierter Form eine Position, die im DFB zur Mehrheitsmeinung wurde. An diesen Konfliktlinien zeigte sich: Der DFB hätte in der Weimarer Zeit die Option auf eine andere politische Entwick-

lung gehabt, ohne dabei seine bürgerliche Grundhaltung aufgeben zu müssen. Aus freien Stücken wählte er einen Weg, der ihn 1933 reibungslos in die Arme der Nationalsozialisten führte.

Gerade Bensemanns Gegenspieler machten unter den neuen Machthabern Karriere. Felix Linnemann, der ihm einst »fremde Mentalität« attestiert hatte, blieb Bundesvorsitzender des DFB auch unter den Nazis. Der Kriminalbeamte wurde zudem SS-Standartenführer und war als Leiter der Kripoleitstelle Hannover direkt an der Vernichtungspolitik der Nazis, insbesondere gegenüber den Sinti und Roma, beteiligt. Der »teutsche« Dr. Klein wurde im Mai 1933 zum neuen »Führer« des WSV gewählt und saß zwischen 1932 und 1936 für die NSDAP im Reichstag. Später geriet er in Widerspruch zum nationalsozialistischen System.[66]

Die bemerkenswerteste Karriere allerdings durchlief Guido von Mengden. Im Juni 1933 wurde er Pressewart des DFB, 1936 Generalreferent des Reichssportführers von Tschammer und Osten. In dieser Funktion, so Sporthistoriker Hajo Bernett, wirkte der SA-Sturmbannführer als »Generalstabschef« des deutschen Sports. Nach 1945 begann er eine zweite Karriere als Sportfunktionär, wurde 1954 Hauptgeschäftsführer des *Deutschen Sportbundes* und 1961 Generalsekretär des *Nationalen Olympischen Komitees* – kurzum, die »graue Eminenz« des bundesdeutschen Sports.[67]

Exil und Tod

Während Walther Bensemann Anfang der 1930er Jahre auf internationalem Parkett als einer der angesehensten Vertreter des deutschen Fußballs galt und seine Zeitung als »das beste Sportblatt des Kontinents«[68], geriet er in Deutschland mit seinem Eintreten für eine kosmopolitische Ausrichtung des Sports immer stärker in die Defensive.

Zur Sorge um die politische Situation und die Zukunft seiner Zeitung traten gesundheitliche und finanzielle Probleme. Vielleicht musste er seinem ruhelosen Lebensstil Tribut zollen. Bensemanns Heimat und Familie war der internationale Fußball. Ständig war er unterwegs, lebte statt in einer eigenen Wohnung in Hotels und Eisenbahnwaggons. Kein FIFA-Kongress, von dem er nicht mit Fotos zurückkehrte, die ihn im Kreis der prominentesten Funktionäre zeigten. Er galt nicht nur als glänzender Feuilletonist und kenntnisreicher Fachmann, sondern auch als anregender und origineller Gesprächspartner. Er liebte es, auf großem Fuß zu leben, zeigte sich als großzügiger Gastgeber, so lange er es sich leisten konnte, und als dankbarer Gast, als seine Mittel knapper wurden. Enge Weggefährten kannten ihn allerdings nicht nur als extravagante und extrovertierte Figur auf der Bühne des Fußballs, sondern sahen auch den melancholischen, zuweilen depressiven und einsamen Menschen.[69]

»›Benses‹, wie ihn seine besten Freunde nannten, [...] war ein Weltbürger. Er war in den Luxusherbergen Europas zu Hause, Mittelpunkt jeder gastlichen Tafel, schwermütiger Wanderer, vorbei an den Delikatessenläden der Großstädte, nie in einer bürgerlichen Wohnung zu Hause. In Nürnberg lebte er als Dauergast im ›Grand Hotel‹, dessen Direktor Richert in Bensemanns Glossen immer wieder auftauchte. Diese Glossen waren Meisterstücke. Nie hat jemand im deutschen Sport geschliffener geschrieben.«[70] So eindrucksvoll beschrieb ihn rückblickend Richard Kirn, der nach dem Krieg selbst zu einem der besten deutschen Sportfeuilletonisten avancierte.

Das Erstarken und schließlich die Machtübernahme der Nazis muss Bensemann mit größter Sorge erfüllt haben. Seine Unabhängigkeit hatte er schon vorher verloren, aus finanziellen Gründen. Mit dem Nürnberger Verleger Max Willmy hatte er einen Partner in den *Kicker* holen müssen, der die autokratische Position des Herausgebers bald infrage stellte. In einem letzten Akt des Trotzes und der Eitelkeit ließ Bensemann sich im Januar 1933 anlässlich seines 60. Geburtstags über mehrere Seiten im *Kicker* als verdienstvollen Pionier feiern. Danach resignierte er offenbar. Zwar enthielt sich der *Kicker* unter seiner Regie jegli-

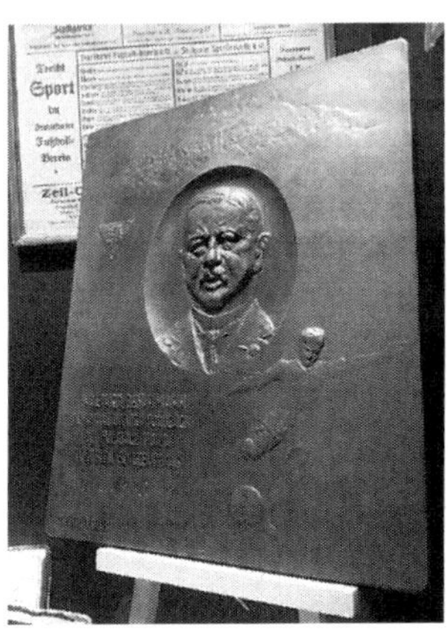

Zum 60. Geburtstag erhielt Walther Bensemann von der SpVgg Fürth eine bronzene Ehrenplakette mit seinem Konterfei.

chen positiven Kommentars zu Hitlers frischer Kanzlerschaft – aber auch jeglicher direkten Kritik. In seinen »Glossen« fanden sich lediglich geschickt verklausulierte Hinweise auf staatliche Zensur und Sorgen um den Erhalt des Friedens.

Im Frühjahr 1933 reiste Bensemann in die Schweiz, aus der er nicht mehr zurückkehrte. Auf Einladung der FIFA weilte er 1934 – gesundheitlich stark beeinträchtigt – noch als Gast bei der Fußballweltmeisterschaft in Italien, wo ihn deutsche Journalisten als Mahner vor der faschistischen Gefahr in Erinnerung behielten.[71] Auch in Briefen an deutsche Freunde bekundete er seine tiefe Ablehnung der NS-Diktatur. An einen alten Bekannten in Weinheim schrieb er: »Ich bin ein alter

Demokrat und habe in der neuesten ›freiesten‹ Demokratie der Hitler, Goebbels und Schacht nichts verloren. Ich habe frei gelebt und will frei sterben.«[72]
Es blieb ihm nicht erspart, die Anfänge der nationalsozialistischen Herrschaft mitzuerleben – und die fatale Anpassung auch von Leuten, die einst seine Weggefährten waren. Hans-Jakob Müllenbach, sein journalistischer Schüler seit 1920 und Nachfolger im *Kicker*, ließ in dem Blatt schon bald über »Asphaltliteraten« herziehen, die »das deutsche Wesen so verunglimpft« und »teilweise allerdings nun die Flucht ergriffen« hätten.[73] Bereits einige Tage zuvor, am 4. April 1933, hatten die großen süddeutschen Fußballvereine in einer gemeinsamen Erklärung versichert, sie würden die Maßnahmen der NS-Regierung »mit allen Kräften« mittragen, »insbesondere in der Frage der Entfernung der Juden aus den Sportvereinen«.[74] Zu den unterzeichnenden Klubs gehörten der *Karlsruher FV*, den Bensemann gegründet hatte, der *1. FC Nürnberg*, zu dem er bis 1933 freundschaftliche Kontakte unterhalten hatte, *Eintracht Frankfurt* und *FSV Frankfurt*, die jahrelang von der Förderung jüdischer Mäzene profitiert hatten, sowie der *FC Bayern*, an dessen Gründung jüdische Sportler (darunter Bensemann selbst) großen Anteil hatten und deren langjähriger Vorsitzender, der jüdische Kaufmann Kurt Landauer, im März 1933 zurücktreten musste. Kurze Zeit später proklamierte auch der DFB, er

halte »Angehörige der jüdischen Rasse, ebenso auch Personen, die sich in der marxistischen Bewegung herausgestellt haben, in führenden Stellungen der Landesverbände und Vereine nicht für tragbar«.[75]
Zu diesen Entwicklungen äußerte sich Walther Bensemann nicht mehr öffentlich. Die Stimme, die den deutschen Fußball so oft und intensiv an seine soziale und politische Verantwortung gemahnt hatte, war verstummt. Freunde wie Ivo Schricker konnten den inzwischen mittellosen Exilanten mit Geld unterstützen, doch sein Lebensmut war offensichtlich aufgebraucht. Walther Bensemann starb am 12. November 1934 in Montreux – jenem Ort, in dem er fünf Jahrzehnte zuvor den Fußball erstmals kennen gelernt hatte.

Das Erbe

Bensemanns Tod wurde in einigen Sportzeitung kurz vermeldet, ansonsten blieb sein Name während der NS-Zeit unerwähnt. Dr. Ivo Schricker, der für die Nazis unangreifbar in der FIFA-Zentrale saß, und weiteren alten Freunden im Ausland blieb es vorbehalten, sein Andenken zu wahren. Am Abend der Beerdigung in Montreux beschlossen sie, ein internationales Fußballjugendturnier ins Leben zu rufen und dem Pionier zu widmen.[76] 1937 fand in Genf das erste »Tournoi international de Football-Juniors pro memoria Walter Bensemann« statt, mit Beteiligung namhafter Vereine aus der Schweiz, der Tschechoslowakei, aus Frankreich und Italien. Weitere Turniere folgten 1938 und 1939 in Straßburg und Zürich, bis der Weltkrieg dieser Idee ein vorläufiges Ende setzte. 1946 wurde das Turnier dann wieder ausgetragen, 1951 erstmals auch in Deutschland (Karlsruhe). Die UEFA unterstützte das Projekt, als Vorsitzender des Organisationskomitees fungierte u.a. FIFA-Präsident Sir Stanley Rous. Das letzte Turnier wurde 1991 durch den *Karlsruher FV* durchgeführt, danach löste das Komitee sich auf.

Im Zusammenhang mit der Neuauflage des Turniers nach dem Krieg hatte der elsässische Journalist Otto Jenners (der unter dem Pseudonym »Schang« einst für den *Kicker* geschrieben hatte) 1948 an den alten Pionier erinnert: »Walter Bensemann war ein wahrhafter Europäer, der als großer Idealist den Sport und besonders den Fußballsport als ein ideales Bindeglied zwischen der Jugend aller Länder sah, und der alles daransetzte, um dieses Ideal in die Herzen der Jugend und ihrer Lenker zu verpflanzen. Er hat immer weit und mit klaren Blicken über die engen Landesgrenzen hinausgesehen.«[77]

Trotz dieser Würdigung sowie einzelner weiterer Erinnerungen – wie die zitierte von Richard Kirn – geriet Bensemann nach seinem Tod weitgehend in

Vergessenheit. Dies hing auch damit zusammen, dass der deutsche Fußball seine schmähliche Rolle im Nationalsozialismus und bei der Judenverfolgung lange Zeit nicht thematisierte. Erst als um die Jahrhundertwende unabhängige Sporthistoriker darüber publizierten,[78] begann auch im DFB ein Umdenken. 2005 legte er eine eigene Studie vor,[79] die immerhin die persönlichen Verhaltensweisen führender DFB-Männer im NS-Regime recht offen skizzierte. Gleichwohl fand sie in Hinblick auf ihre politischen Erklärungsversuche nicht den ungeteilten Beifall der Sporthistoriker. Im Falle Walther Bensemanns ist diese Skepsis nachvollziehbar. Bensemann findet dort lediglich im Kontext seiner jüdischen Herkunft Erwähnung. Sein lebenslanges Eintreten für ein kosmopolitisches Sportverständnis sowie der daraus resultierende Konflikt mit dem DFB werden an keiner Stelle behandelt.

Allerdings gab es vor und nach der DFB-Publikation weitere unabhängige Buchveröffentlichungen, die sich insbesondere den jüdischen Biografien im deutschen Fußball widmeten, beispielsweise zu Kurt Landauer, dem Nationalspieler Julius Hirsch und eben auch Walther Bensemann.[80] Die Wanderausstellung »Kicker, Kämpfer und Legenden«, die 2006 ihren Auftakt im *Centrum Judaicum* nahm, widmete sich ebenfalls den Juden im deutschen Fußball, darunter prominent auch Walther Bensemann.

Seither haben auch namhafte Repräsentanten des Fußballs auf Bensemanns Verdienste hingewiesen, darunter der ehemalige DFB-Präsident Dr. Theo Zwanziger und der 2010 verstorbene *Kicker*-Herausgeber, Karl-Heinz Heimann, der auch dafür sorgte, dass die Zeitung ihren Gründer wieder ins Impressum aufnahm. Im Juli 2010 wurde das Foyer der Hochschule für Jüdische Studien in Heidelberg nach Bensemann benannt, und im Mai 2018 wurde am Engländerplatz in Karlsruhe, dem Ort der ersten Fußballspiele Süddeutschlands, eine Gedenkstele für Walther Bensemann errichtet.

Die nachhaltigste Ehrung erfährt sein Erbe seit dem Jahr 2006 mit dem Walther-Bensemann-Preis. Die *Deutsche Akademie für Fußball-Kultur*, ein Netzwerk von fußballbegeisterten Autoren, Wissenschaftlern, Politikern und Kulturschaffenden, würdigt mit diesem Preis »außergewöhnliches Engagement verbunden mit Mut und Pioniergeist, für mehr gesellschaftliche Verantwortung, Fairplay und interkulturelle Verständigung im Umfeld des Fußballs«, kurzum: ein »langjähriges Wirken in der Tradition Walther Bensemanns«. Die vom *Kicker* mit 10 000 Euro dotierte Auszeichnung wird jährlich in Nürnberg als Hauptkategorie der Deutschen Fußball-Kulturpreise vergeben. Bisherige Preisträger waren: Franz Beckenbauer, Alfredo di Stéfano, Bernd Trautmann, César Luis Menotti, Otto Rehhagel, Sir

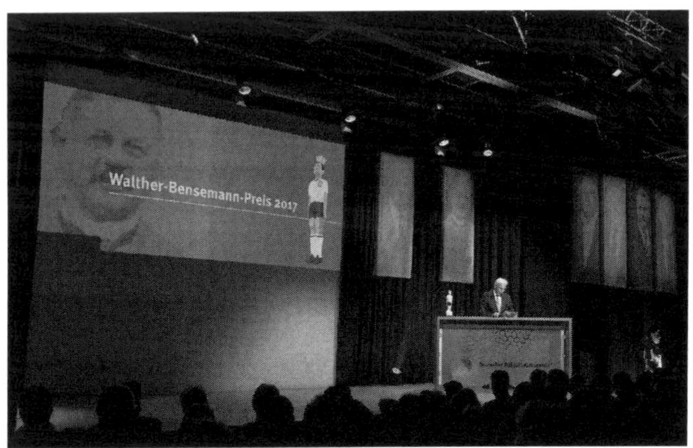

Der Walther-Bensemann-Preis wird in Nürnberg jährlich im Rahmen einer festlichen Gala an einen prominenten Fußballer verliehen.

Bobby Charlton, Uwe Seeler, Günter Netzer, Marcello Lippi, Sir Alex Ferguson, Vicente del Bosque und Horst Hrubesch.

Schließlich widmete sich auch die u.a. von der Evangelischen Versöhnungskirche in Dachau gegründete Initiative »!Nie wieder – Erinnerungstag im deutschen Fußball« dem Erbe von Walther Bensemann. In ihrer Einladung zur Versammlung 2019 in Frankfurt, an der neben vielen Fangruppen und antirassistischen Initiativen auch Vertreter von DFB und Fußballvereinen teilnahmen, wurde vor allem die Aktualität seines Wertekanons betont: »Nicht nur in der Krise, dort jedoch mit großer Dringlichkeit, stellt sich die Frage, welches Fundament uns Sicherheit gibt und auf welche Werte wir dabei setzen. Frühe Visionäre des Fußballs haben ihrem Spiel Werte eingeschrieben, für die sie aktiv einstanden. Wenn Walther Bensemann – einer der wichtigsten Pioniere des Fußballs in Deutschland – am 21. November 1923 in seinem ›Kicker‹ unter dem Titel ›V.S.E.‹ Vereinigte Staaten von Europa forderte, dann schrieb er dies in Zeiten, in der die Krankheit des Nationalismus und des Militarismus Deutschland und Europa vergiftete. Der Fußball, so wie er ihn definierte, stand für Völkerfreundschaft, Antimilitarismus, Humanität und Frieden, für Gerechtigkeit und Solidarität gegenüber Menschen, die in Not waren. Seine vielfältigen Aktionen beweisen das. Seine Zeitzeugenschaft und Wertegebundenheit sind heute Grundlagen und Orientierungshilfen in Fußball und Gesellschaft.«[81]

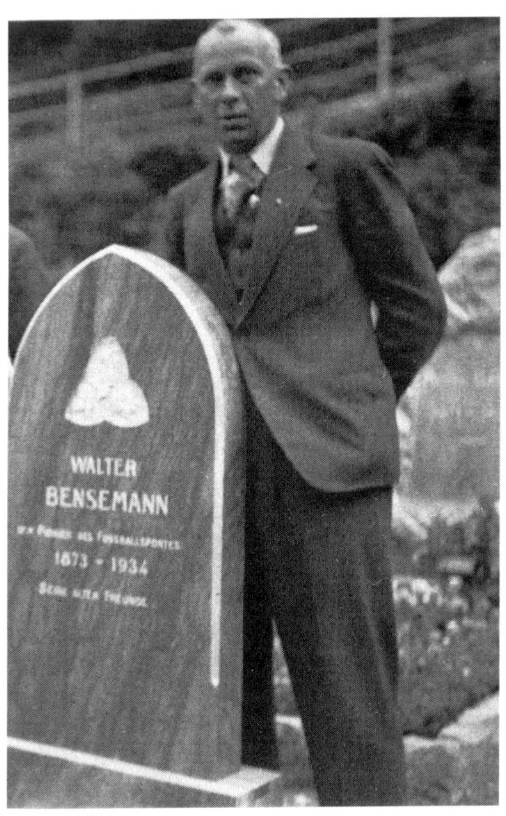

Heiner Stuhlfauth, Torhüter-Legende des 1. FC Nürnberg *und 21-facher Nationalspieler, im Jahr 1961 an Bensemanns Grab in Montreux. In Nürnberg war Bensemann häufiger Gast in Stuhlfauths Weinlokal St. Sebaldusklause gewesen.*

Anmerkungen

1 Die Angaben zu Walther Bensemanns Vorfahren verdanke ich z.T. Albert Davy, einem Urenkel von Walthers Tante Marie, der seine Familiengeschichte ausführlich recherchiert hat.

2 Zu den Anfängen des Fußballs in Deutschland: Hardy Grüne und Dietrich Schulze-Marmeling: Das Goldene Buch des deutschen Fußballs, Göttingen [2]2016.

3 *Der Kicker* Nr. 27/1929.

4 Dem *AS Strasbourg*, 1890 als *FC Straßburg* im damals deutschen Elsass gegründet, verhalf er 1893 zum ersten Spielbetrieb; in Frankfurt gründete er 1899 mit den *Frankfurter Kickers* einen Vorläufer der Eintracht und in München 1897 mit anderen die Fußballabteilung des *MTV München*, aus der drei Jahre später der *FC Bayern* hervorging.

5 Laut Bensemanns späterer Darstellung in der *Badischen Presse*, 21. September 1929.

6 *Der Kicker* Nr. 43/1931.

7 Dietrich Schulze-Marmeling (Hg.): Davidstern und Lederball. Die Geschichte der Juden im deutschen und internationalen Fußball, Göttingen 2003, 14.

8 *Spiel und Sport*, 15. Dezember 1894, nachgedruckt in: Bernd-M. Beyer (Hg.): »Der König aller Sports«. Walther Bensemanns Fußball-Glossen, Göttingen 2008, 39f.

9 Spiel und Sport, 13. Januar 1900, nachgedruckt in: Beyer [FN 8], 41–44.

10 »Der Fußballsport als Kulturfaktor im englischen Volksleben«, in: *Sport*, 4. November 1910, Bern, nachgedruckt in: Bernd-M. Beyer [FN 8], 49–52 (Hervorhebungen im Original). Die Entente Cordiale war ein Abkommen, in dem Großbritannien und Frankreich im April 1904 jahrzehntelange Interessenskonflikte beilegen konnten.

11 Siehe Bernd-M. Beyer: Der Mann, der den Fußball nach Deutschland brachte. Das Leben des Walther Bensemann, Göttingen [2]2014, 485.

12 *Spiel und Sport*, 13. Januar 1900.

13 Zit. nach Beyer [FN 11], 488.

14 Siehe u.a. Werner Skrentny: »Unendlich viel zu verdanken«. Jüdische Traditionen im Fußball-Süden, in: Schulze-Marmeling [FN 7], 101–114.

15 In ihren Ausgaben vom 17. und 24. Dezember 1898 berichtete die Zeitschrift *Spiel und Sport* recht ausführlich über diese Begegnungen. Über die weiteren Umstände der Fahrt erinnerte sich einer der Teilnehmer, Ivo Schricker, Anfang der 1960er Jahre in einem Interview. Siehe dazu: Gerd Krämer: Gründerjahre, in: 100 Jahre VfB Stuttgart, Stuttgart 1993, 30–35.

16 Siehe Krämer [FN 15].

17 *Spiel und Sport*, 2. Dezember 1899.

18 Vgl. Heiner Gillmeister: The First European Soccer Match, in: *The Sports Historian*, Jg. 17, Nr. 2, 1997, 1–13.

19 Zu Ivo Schricker siehe Henry Wahlig: Dr. Ivo Schricker: Ein Deutscher in Diensten des Weltfußballs, in: Lorenz Peiffer und Dietrich Schulze-Marmeling (Hg.): Hakenkreuz und rundes Leder. Fußball im Nationalsozialismus, Göttingen 2008, 197–205.

20 Der *FC Phönix*, der Vorläufer des heutigen Profiklubs *Karlsruher SC*, zählte zu den süddeutschen Vereinen, die Bensemann in seinem Streit mit der süddeutschen Verbandsspitze unterstützten.

21 Siehe zur DFB-Gründung das Protokoll der Gründungssitzung, abgedruckt in: *Spiel und Sport*, 3., 10. und 17. Februar 1900.

22 Aus den Akten der Universität Freiburg zitiert in: Beyer [FN 11], 482f.

23 *Der Kicker* Nr. 45/1929.

24 Anschaulich berichtete darüber u.a. Nationalspieler Fritz Becker in der offiziellen Festschrift: 60 Jahre DFB, Frankfurt 1960.

25 W.E. Woodhouse: One in Heart. Reminiscences of Birkenhead School 1860–1960, Birkenhead 1967, 36–40.

26 »Die große Lüge«, in: *Der Kicker* Nr. 22/1920.

27 »Die Engländer und der Krieg nach dem Krieg«, in: *Der Kicker* Nr. 11/1920, nachgedruckt in: Beyer [FN 8], 53–56.

28 *Spiel und Sport*, 4. August 1914. Die Zeitung (ab 1917: *Turnen, Spiel und Sport*) ist nicht identisch mit der bereits zitierten Zeitung gleichen Namens, die vor 1900 in Berlin erschien.

29 Vgl. *Der Kicker* Nr. 52/1925 und *Freie Sportwoche*, 24. März 1920.

30 Vgl. Chronik des Instituts Adam 1915–1916. Würzburg 1916, 10.

31 *Der Kicker* Nr. 11/1920 [FN 27].

32 Ebd.

33 *Der Kicker* Nr. 9/1925.

34 *Der Kicker* Nr. 34/1930.

35 *Der Kicker* Nr. 3/1920; ähnlich in 4/1921.

36 »Der deutsche Jammer«, in: *Der Kicker* Nr. 5/1921.

37 *Der Kicker* Nr. 7/1921.

38 Vgl. *Der Kicker* Nr. 36/1928.

39 Phil Wolf: Neue Ausgrabungen aus der Steinzeit des Frankfurter Fußballs, Frankfurt a. M. 1930, 12.

40 Zit. nach Peter Seifert: Walther Bensemann als Sportpublizist (Diplomarbeit). Köln 1973, 87.

41 *Der Kicker* Nr. 25/1920.

42 Zit. nach: *Der Kicker* Nr. 23/1922.

43 *Der Kicker* Nr. 16/1921, nachgedruckt in: Beyer [FN 8], 73–75.

44 *Der Kicker* Nr. 17/1924, nachgedruckt in: Beyer [FN 8], 130–136.

45 *Der Kicker* Nr. 47/1923.

46 *Der Kicker* Nr. 28/1930.

47 Zit. nach: *Der Kicker* Nr. 16/1923.

48 *Der Kicker* Nr. 5/1922.

49 *Der Kicker* Nr. 22/1931.

50 *Der Kicker* Nr. 9/1925 nachgedruckt in: Beyer [FN 8], 157f.

51 Zit. nach: *Der Kicker* Nr. 3/1927.

52 Zit. nach: Rudolf Oswald: Ideologie, nicht Ökonomie: Der DFB im Kampf gegen die Professionalisierung des deutschen Fußballs, in: Peiffer/Schulze-Marmeling [FN 19], 107–126.

50 *Der Kicker* Nr. 1/1933.

54 *Der Kicker* Nr. 46/1926.

55 *Der Kicker* Nr. 5/1925.

56 *Der Kicker* Nr. 43/1921.

57 *Der Kicker* Nr. 49/1923.

58 *Der Kicker* Nr. 2/1924.

59 *Der Kicker* Nr. 4/1925.

60 *Der Kicker* Nr. 39/1931.

61 Zit. nach: Christoph Bausenwein, Harald Kaiser und Bernd Siegler: 1. FC Nürnberg – Die Legende vom Club, Göttingen 1996, 75f.

62 Vgl. dazu u.a.: Arthur Heinrich: Der deutsche Fußballbund. Eine politische Geschichte, Köln 2000. – Erik Eggers: Fußball in der Weimarer Republik, Kassel 2001. – Westdeutscher Fußballverband e.V. (Hg.): 100 Jahre Fußball im Westen, Kassel 1998.

63 *Fußball und Leichtathletik* Nr. 27/1925.

64 Zit. nach: *Der Kicker* Nr. 14/1928. Dass Bensemann die Verwendung solcher Begrifflichkeiten mit Antisemitismus gleichsetzte, beweist seine erwähnte Antwort auf den Brief jenes »ehrlichen Arbeiters« aus Straßburg [FN 58].

65 Vgl. *Der Kicker* Nr. 47/1928.

66 Vgl. dazu u.a.: Arthur Heinrich [FN 62]. – Erik Eggers [FN 62].

– Hubert Dwertmann: Sportler – Funktionäre – Beteiligte am Massenmord. Das Beispiel des DFB-Präsidenten Felix Linnemann, in: *SportZeiten. Sport in Geschichte, Kultur und Gesellschaft*, Heft 1/2005, 7–46.

67 Vgl. dazu: Hajo Bernett: Guido von Mengden – »Generalstabschef« des deutschen Sports, Berlin/München/Frankfurt a. M. 1976.

68 So der Vorsitzende des schwedischen Fußballverbandes, Johanson, zit. nach: *Der Kicker* Nr. 22/1932.

69 So geschildert von Dr. Fritz Weilenmann, einem langjährigen *Kicker*-Redakteur, der Bensemann noch persönlich kannte (Interview mit dem Autor am 13. Juni 1998).

70 Richard Kirn: Große Namen der deutschen Sportjournalistik: Walther Bensemann, in: *Internationale Sport-Korrespondenz*, Juli 1977.

71 Vgl. u.a.: Friedebert Becker: Walter Bensemann, Porträt eines Idealisten, in: DFB-Jahrbuch, Frankfurt 1953. – Richard Kirn: Aus der Freiheit des Herzens, in: *Der Kicker* vom 7. Dezember 1953. – Paul Laven: Fußball-Melodie. Erlebtes und Erlauschtes, Bad Kreuznach 1953.

72 Zit. nach: Seifert [FN 40], Anhang.

73 *Der Kicker* Nr. 16/1933, erschienen am 11. April, vermutlich nur wenige Tage nach Bensemanns Ausreise.

74 Zit. nach: *Der Kicker* Nr. 15/1933.

75 Zit. nach: *Der Kicker* Nr. 16/1933.

76 Vgl. zu Entstehung und Geschichte des Turniers: Karlsruher Fußballverein (Hg.): 90 Jahre Karlsruher Fußballverein, Karlsruhe 1981. – Derselbe (Hg.): 100 Jahre Karlsruher Fußballverein, Karlsruhe 1991.

77 *Sportmagazin* Nr. 20/1948.

78 Beispielsweise Eggers [FN 62]. – Heinrich [FN 62]. – Gerhard Fischer und Ulrich Lindner: Stürmer für Hitler. Vom Zusam-

menspiel zwischen Fußball und Nationalsozialismus, Göttingen 1999.

79 Nils Havemann: Fußball unterm Hakenkreuz. Der DFB zwischen Sport, Politik und Kommerz, Frankfurt a. M. 2005.

80 Beispielsweise: Schulze-Marmeling [FN 7]. – Beyer [FN 11] (Die 1. Auflage erschien 2003), Peiffer; Schulze-Marmeling [FN 19]. – Swantje Schollmeyer: Julius »Juller« Hirsch. 1892 Achern – 1943 Auschwitz – Deutscher Fußballnationalspieler. Teetz/Berlin 2007 [Jüdische Miniaturen Band 51]. – Werner Skrentny: Julius Hirsch. Nationalspieler. Ermordet., Göttingen 2012. – Matthias Thoma: »Wir waren die Juddebube«. Eintracht Frankfurt in der NS-Zeit, Göttingen 2007. – Dietrich Schulze-Marmeling: Der FC Bayern und seine Juden, Göttingen 2011.

81 www.erinnerungstag.de/panel-10, letzter Abruf: 21. Februar 2019.

Abbildungsnachweis

Seite 29 oben – Dollar Academy
Seite 41 – Sammlung Bernd-M. Beyer
Seite 62 – Museum Eintracht Frankfurt
Seite 68 – Jan Rygl/Deutsche Akademie für Fußball-Kultur
Seite 70 – Archiv 1. FC Nürnberg
Alle anderen Abbildungen – *Der Kicker*

Über den Autor

Bernd-M. Beyer
war langjähriger Cheflektor im Verlag *Die Werkstatt*. Seine Biographie über Bundestrainer Helmut Schön wurde 2017 zum »Fußballbuch des Jahres« gewählt. Mit seinen Publikationen über Walther Bensemann sorgte er »fast im Alleingang dafür, dass eine der wichtigsten Figuren der frühen deutschen Fußballgeschichte in ihrer Bedeutung erkannt werden konnte« (Magazin *11Freunde*).